天才益智思维系列

越玩越聪明1

激发无限潜能的500个全脑思维游戏

周 周◎编著

北京联合出版公司
Beijing United Publishing Co.,Ltd.

图书在版编目（CIP）数据

越玩越聪明.1，激发无限潜能的500个全脑思维游戏/
周周编著. —— 北京 ：北京联合出版公司,2014.8（2022.3
重印）

（天才益智思维系列）
ISBN 978-7-5502-3448-2

Ⅰ．①越… Ⅱ．①周… Ⅲ．①智力游戏－少儿读物
Ⅳ．①G898.2

中国版本图书馆CIP数据核字（2014）第189985号

越玩越聪明 1

激发无限潜能的500个全脑思维游戏

编　著：周　周
责任编辑：徐 秀 琴
封面设计：尚世视觉
版式设计：李　霞

北京联合出版公司出版

（北京市西城区德外大街83号楼9层　　100088）

北京一鑫印务有限责任公司印刷　　新华书店经销

字数267千字　710毫米×1000毫米　1/16　16印张

2014年9月第1版　　2022年3月第2次印刷

ISBN 978-7-5502-3448-2

定价：59.80元

第一部分 创意思维游戏

第二部分 发散思维游戏

第五部分 分析思维游戏

第六部分 演算思维游戏

第七部分　图形思维游戏

第八部分 逻辑思维游戏

第九部分 演绎推理游戏

第十部分　解答篇

第一部分

创意思维游戏

　　无法想象如果生活缺少创意，我们将生活在怎样一个世界里。

　　不拘一格的创意思维谜题教你用不同的方法探寻学习、生活和工作的无穷乐趣。

1 金币与银币

一位王子向智慧公主求婚。智慧公主为了考验王子的智慧，就让仆人端来两个盆，其中一个装着10枚金币，另一个装着10枚同样大小的银币。仆人把王子的眼睛蒙上，并把两个盆的位置随意调换，请王子随意选一个盆，从里面挑选出1枚硬币。如果选中的是金币，公主就嫁给他；如果选中的是银币，那么王子就再也没有机会了。王子听了，说："能不能在蒙上眼睛之前，任意调换盆里的硬币组合呢？"公主同意了。

请问：王子该怎么调换硬币才能确保更有把握娶到公主呢？

放多少糖块 2

一次放进一颗糖块，一个能装3千克糖的空罐子放进多少颗糖块就不是空罐子了？

3 水壶变空

满满一大壶水，足有10千克重，一口只能喝半杯，你能在10秒内让水壶一下子变空吗？

4 拼11

用3根火柴拼出两种"11"的写法。

5 反穿毛衣

小强有一件漂亮的套头式毛衣，但是他发现毛衣穿反了，印有刺绣的那一面被穿在了后背。他的两个手腕被一根绳子系住了，在不剪断绳子的情况下他该怎么把套头式毛衣的正面穿在前面（毛衣没有扣子）？

相遇的问题 6

有一个人从A地骑自行车到B地去，而另一个人开车从B地驶往A地。在路上，他们相遇了。你知道这个时候谁离A地更近吗？

7 吝啬鬼的把戏

有一个吝啬鬼去饭店吃面条，他花1元钱点了一份清汤面。面上来了，他又要求换一碗2元钱的西红柿鸡蛋面。服务员对他说："你还没有付钱呢！"吝啬鬼说："我刚才不是付过了吗？"服务员说："刚才你付的是1元钱，而你吃的这碗面是2元钱的，还差1元呢！"吝啬鬼说："不错，我刚才付了1元钱，现在又把值1元钱的面还给了你，不是刚好吗？"服务员说："那碗面本来就是店里的呀！"他说："对呀！我不是还给你了吗？"

这么简单的账怎么就弄糊涂了呢？吝啬鬼真的不需要付钱了吗？

8 让人高兴的死法

从前，有一个人触犯了法律，被国王判处死刑。这个人请求国王宽恕，国王说："你犯了死罪，罪不能赦，但我还是允许你选择一种死法。"这个人一听，非常高兴地选择了一种死法，而国王一言既出，驷马难追，看到这样的结果只好无奈地摇了摇头。

请问：这个人到底选择了一种什么死法？

餐厅的面试题 9

一位刚毕业的学生到一家大型的餐厅应聘主管。主考官出了这样一道题目来考他：请在正方形的餐桌周围摆上10把椅子，使桌子每一面的椅子数都相等。应聘者想了很久都没有想出来，你能帮帮他吗？

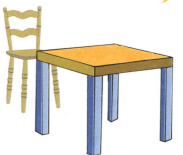

10 熊是什么颜色的（1）

一口井深20米，一只熊从井口跌到井底，花了2秒钟。请问：这只熊是什么颜色的？

11 熊是什么颜色的（2）

一口井深20米，一只熊从井口跌到井底，花了2分钟。请问：这只熊是什么颜色的？

12 邮票有几枚

6角的邮票每打有12枚，那么1.2元的邮票每打应有几枚？

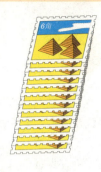

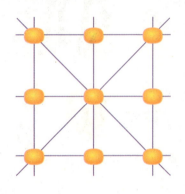

串冰糖葫芦 **13**

如左图所示，一共有9颗冰糖葫芦，把3颗冰糖葫芦串成一串，可以串成8串。现在只需要移动2颗冰糖葫芦，就可以串成10串，但还是3颗冰糖葫芦串在一起。一共有几种串法？

一个冬天的清晨，焊工差几个焊接点就将完成焊接任务时，氧气瓶里没有氧气了。这时候，焊工怎样才能快速弄到一点儿氧气，以便完成工作呢？

焊工的难题 **14**

15 **糊涂岛上的孩子**

糊涂岛上有两个糊涂的孩子，因为没有日历，日子总是过得糊里糊涂的，常常弄不清楚时间。在上学的路上，他们想把这个问题弄清楚。

其中一个孩子说："当后天变成昨天的时候，那么'今天'距离星期天的日子，将和当前变成明天时的那个'今天'距离星期天的日子相同。"

根据这个糊涂孩子说的糊涂话，你能猜出今天是星期几吗？

16 骑马比赛

一场骑马比赛正在进行，哪匹马走得最慢就是胜利者。于是，两匹马慢得几乎停止不前，这样进行下去，比赛什么时候才能结束呢？在保证能选出最慢者（优胜者）的前提下，你能想办法让比赛尽快结束吗？

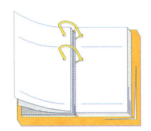

相连的月份 17

想一想，一年中哪两个相连的月份都是31天？

18 一道既简单又复杂的题

游戏开始了，请你快速计算：

一辆载着16名乘客的公共汽车驶进车站，这时有4人下车，又上来4人；在下一站下去4人，上来10人；在下一站下去11人，上来6人；在下一站，下去4人，上来4人；在下一站又下去8人，上来15人。

还有，请你接着计算：公共汽车继续往前开，到了下一站下去6人，上来7人；在下一站下去5人，没有人上来；在下一站只下去1人，又上来8人。

好了，记住你的计算结果，请翻开下一页回答问题。

这辆公共汽车究竟停了多少站？（不要重新计算哦）

母鸡下蛋 19

清晨，一只母鸡先向着太阳飞奔了一会儿，然后掉头回到草堆旁，转了一圈后，又向右边跑了一会儿，然后向左边的同伴跑去，它与同伴在草堆里转了半圈后，忽然下了一个蛋。请问：蛋是朝什么方向落下的？

20 近视眼购物

李明因为长期躺在床上看书，日子一久就变成一拿掉眼镜几乎看不见东西的高度近视眼。虽然平时他戴有框眼镜的次数多于戴隐形眼镜的次数，但只有购买某件物品的时候，他觉得还是戴隐形眼镜比较适合。

请问：李明购买的是什么物品呢？

还剩几只兔子 21

在一个菜园里，有128只兔子在埋头偷吃萝卜。农夫看见后非常生气，拿起猎枪"砰"地一枪打死了一只兔子。请问：菜园里还剩多少只兔子？

22 洞中捉鸟

田田在捕鸟时，发现一只小鸟飞进一个小洞里躲了起来。小洞很狭窄，手伸不进去，如果用树枝戳的话，又会伤害小鸟。你能想一个简便的办法，把小鸟从洞里捉出来吗？

23 水为什么不溢出来

在一个盛满水的鱼缸里，将小木块、小石块或者橡皮等物品放进去，水就会从鱼缸里溢出来。但是，为什么把一条与上述物品同样体积的小金鱼放进去，水却不会溢出来呢？

机械表的动力 24

电子表的动力是电池中的电能，那么你知道机械表的动力是什么吗？

25 过独木桥

姐姐跟着挑着箩筐的爸爸过独木桥，走到桥中间的时候，迎面走来一个小男孩牛牛。姐姐和牛牛谁也不肯让谁，姐姐的爸爸怎么劝说也不行，于是他急中生智，想出了一个办法，使他们都过去了。你知道姐姐的爸爸怎么做的吗？

硬币如何落下 26

找一个小号的广口瓶，将一根火柴棒折成"V"字形（不要完全折断，要使一部分纤维还连着），放在瓶口上，再取一枚比瓶口小一点的硬币放在"V"字形的火柴棒上。在不用手或者其他工具接触"V"字形火柴棒和硬币的情况下，你能想办法使硬币落到瓶子里去吗？

27 **谁在敲门**

地球上唯一存活下来的男人，坐在桌旁准备写遗书，突然听见外面传来敲门声。人类以外的动物早就死光了，也不可能是石子被风吹起打在门上的声音。当然，外星人也没有入侵地球，那么，到底是谁在敲门呢？

28 **互看脸部**

两个女人一个面向南一个面向北站立着，不允许回头，不允许走动，也不允许照镜子，她们怎样才能看到对方的脸？

天气预报 **29**

天气预报说今天半夜12点钟会下雨，那么再过72小时后会出太阳吗？

30 **狭路相逢**

一条河上有一座独木桥，只能容一个人通过。有两人来到桥头，一个从南来，一个向北去，想要同时过桥，该怎么过去？

31 科学家理发

一位科学家来到一个小镇，他发现镇上只有两位理发师，每人各有自己的理发店。科学家需要理发，于是他先察看了一家理发店，一眼就看出它非常脏，理发师本人衣着不整，而且头发凌乱，这说明这个理发师理得很蹩脚。再看另一家理发店，店面崭新，理发师的胡子刚刮过，而且头发修剪得非常好。科学家稍作思考，便返回了第一家理发店。你猜这是为什么呢？

巧分油 32

有两只大小、形状、重量相等的瓶子，一只瓶子里装有多半瓶的油，另外一只瓶里没有油。请问：在没有任何称量工具的情况下，如何均分这些油？

33 餐厅的老板多少岁

有一个富足的法国人，8年前在香榭大道上接近戴高乐广场的地段开了一间餐厅，生意一直很红火。担任主厨的安德里的厨艺越来越好。他最拿手的是鸡肉料理，仔鸡和鹅肝是绝妙的搭配。餐厅里一共有128个位子，每到周末几乎都座无虚席。

最近他还跟年轻歌手蜜雪儿签了约，歌手经常在餐厅现场演唱，使得老板的银行存款逐渐增加。

请问：餐厅的老板多少岁？

请病假

有一天，凯凯不想去上学，就让同学帮他带了一张请假条给班主任。为了表明自己真的病得很严重，凯凯用圆珠笔写了满满一张纸描述病情，并强调说自己是躺在病床上仰面写的。但班主任看了之后，就知道凯凯是想逃课。你知道，班主任是怎么看出来的吗？

几堆水果

有4元一千克的香蕉一堆，2元一千克的苹果一堆，4元一千克的橘子一堆，合在一起，你猜共有几堆？

 极速飞车

有一辆轿车，在全程的最初30秒内以时速150千米行驶。为了让全程的平均时速能保持60千米，接下来的30秒行驶时，时速应该是多少呢？

火烧山倒
树毁多少；
大人不在，
云力自烧。

语文老师的难题

左图的黑板上是一位语文老师写的诗。每句诗打一个字，这4个字合起来就是一个4字成语。请你开动脑筋想想这个4字成语是什么？

38　有趣的字谜

下面是一个非常有趣的字谜，你能猜出答案来吗？

去上面是字，去下面是字。
去中间是字，去上下是字。

新手司机　39

一位新手司机驾驶小轿车会见朋友，半路上忽然有一个轮胎爆了。当他把轮胎上的4个螺丝拆下来，从后备箱里把备用轮胎拿出来时，不小心把4个螺丝踢进了下水道。

请问：新手司机该怎么做才能使轿车安全地开到距离最近的修车厂？

40　不落地的苹果

把一个苹果系在一根3米左右长的线的一端，另一端系在高处，把苹果悬挂起来，你能够从中间剪断这根线，并保证苹果不会落地吗？

41　怎么过桥

一辆货车满载着6吨的钢索前进，但在行进中遇到了一座桥梁。桥头的标志牌上写着：最大载重量7吨。然而，光货车车身就重2吨，再加上钢索，明显超过了桥的载重量。你能想办法帮司机通过这座桥吗？

42 小猴的游戏

聪明的小猴拿着10根火柴棒在院子里摆弄不停。小兔子问他在干什么，小猴说他要完成妈妈交给他的任务：用10根火柴拼成一个含有10个三角形、2个正方形、2个梯形和5个长方形的图形。可小猴怎么拼也达不到妈妈的要求，小兔子一把接过他手中的火柴棒，两三下就拼成了。你知道小兔子拼成的图是什么样的吗？

一个没有双眼的人看到树上有苹果，他摘下了苹果又留下了苹果。这是为什么呢？

奇怪的人 43

44 大力士的困惑

力量村里出生的孩子都力大无比。其中有一个大力士可以轻易地举起200千克的东西，但有一天，他竟然连一件100千克重的东西都举不起来，请问这是为什么？当然，他没有生病也没有受伤。

45 钱塘江的潮水

每年七八月份是钱塘江涨潮的季节。7月的一天，钱塘江岸边不远处停着一只船，船上挂着一根打了结的绳子，结与结之间间隔25厘米。最下面一个结刚好接触到水面。潮水每小时以20厘米的速度上涨。请问：要经过多少时间潮水可以把绳子的第四个绳结淹没？

46 反插裤兜

发挥一下想象，怎么才能把你的左手放入右边的裤兜里，而同时又将右手放入左边的裤兜里。

奇怪的数字 47

请问：什么数字减去一半等于零？

48 糊涂的交易

硅谷一家大集团致电欧洲供应商要求订一批半导体材料，这家大集团非常精确地指定交货日期。但是，信誉良好的欧洲供应商每一批交货日期都至少有一个月的误差，有些货物太早送到，有些货物却迟到。硅谷大集团打电话质问其原因，欧洲供应商说他们的货物都是由物流公司经营的，物流公司却说他们也是按照合同上的时间按时送达的。

那么问题出在哪一个环节呢？

49 儿子和爸爸的游戏

儿子和爸爸坐在屋中聊天。儿子突然对爸爸说："我可以坐到一个你永远坐不到的地方！"爸爸觉得这不可能，你认为可能吗？

50 荒谬的法律

古时候，有一个国家的国王为了让更多的男人能有更多的妻子，就颁布了这样一条法律：一位母亲生了第一个男孩后，她就立即被禁止再生小孩。这样的话，有些家庭就会有几个女孩而只有一个男孩，就不会有一个以上的男孩。所以，用不了多久女性人口就会大大超过男性人口了。你认为这条法律可以实现他的"愿望"吗？

51 月亮游戏

让你的朋友把"亮月"这个词迅速说15遍，然后再让他把"月亮"迅速说15遍。等他说完后，你马上问他后羿射的是什么，让他快速回答。

52 世纪的问题

请问：2000年6月1日是多少世纪？

53 鸡蛋怎么拿回家

乐乐打完篮球，穿着背心、短裤，抱着篮球回家。路上突然想起妈妈让他买些鸡蛋回家，于是就买了十几个鸡蛋。可是，没有其他的工具，这些鸡蛋他该怎么拿回家呢？

CD的纹路 54

一张CD唱片转速是 100转/分钟，这张CD唱片能运转45分钟。请问：这张CD唱片总共有多少条纹路？

55 喂什么

问你的朋友这个问题，尽管非常简单，却很少有人能答出来：

一个农夫买了一头牛，这头牛有两只耳朵、四条腿，还有一条尾巴，请问喂什么？

注意：在问的过程中照着上面表述就行了，不要做过多的解释。

第二部分

发散思维游戏

　　直线思考的人和曲线思考的人有一个最大的区别就在于：曲线思考的人考虑问题全面，做事周全，速度总比直线思维的人快一步。这也是令人痴迷的发散思维游戏的关键所在。

反身开枪 56

有一个士兵，刚学会开枪。现在他用眼罩把眼睛蒙上，手中握一支枪；连长把他的帽子挂起来后，让这个士兵向前走了40米，然后反身开枪，要求子弹必须击中那顶帽子。你知道那个士兵怎样做才能一定击中那顶帽子吗？

57 图形的奥秘

在一张纸上随意画5个图形，你能使这5个图形中的每个图形都与其他4个图形有一条共同的边吗？

摆放不规则 58

左面有4颗摆放很不规则的星星，你能用一个正方形将它们连在一起吗？

59 连点的方法

如图，一笔画出4根直线把9个点连接起来。你能做到吗？

60 毛毛虫的任务

毛毛虫的妈妈交给毛毛虫一个艰难的任务：从一张纸的一面爬到另一面去。毛毛虫想：每一张纸都有两个面和一条封闭曲线的棱，如果由这个面爬到另一个面必须要通过这条没有任何支点的棱，想要通过这条棱，即使我这样的身躯也会有"坠崖"的危险。看来不能硬闯，需要想点技巧才行。

亲爱的朋友，你知道毛毛虫想了一个什么技巧吗？

扩大水池的方法 61

右图中有一个正方形水池，水池的4个角上栽着4棵树。现在要把水池扩大，使它的面积增加一倍，但要求仍然保持正方形，而且不移动树的位置。你有什么好办法吗？

不能在夜间吃的饭 62

什么饭不能在夜间吃？

63 摩托车比赛

达达和乐乐两兄弟经常用爸爸买给他们的摩托车进行双人飙车比赛。爸爸为此感到头痛不已。

有一天，爸爸对他们说："我现在要你们两个进行摩托车比赛，晚到的车主就能够获得出海旅游的机会。"爸爸以为这样就可以阻止他们飙车，没想到比赛一开始两兄弟的车速比以前更快了。

这是为什么呢？

 哪个冷得快 **64**

在同样的条件下，把两杯不同温度的牛奶放到同一个冰箱里，温度高的一杯与温度低的一杯哪个冷得快？

65  10根变9根

有10根相等间隔的平行线，不再添加线，怎样使其变成9根？

测量牛奶 **66**

有一个牛奶瓶，其下半部分是圆柱形，高度为整个瓶高的3/4；其上半部分形状不规则，占瓶高的1/4。现在瓶内只剩半瓶牛奶，在不打开瓶盖的情况下，利用一把直尺，怎样测定这些牛奶占整个牛奶瓶的百分比？

注：牛奶瓶的内径在求百分数时可以不计。

67 巧摆硬币

如图，每个点上放有一枚硬币。你能不能只改变一枚硬币的位置，使它形成两条直线，而且每条直线上各有4枚硬币？

 68 倒硫酸

一个不规则的透明玻璃瓶，上面只刻着5升、10升两个刻度，而里面装了8升硫酸，现在需要从中倒出5升，别的瓶子上都没有刻度，硫酸的腐蚀性又大，请你帮助想想，用什么办法一次就能准确地倒出需要的量？

69 包青天断案

衙门外传来阵阵击鼓声，包青天细问才知道是两位母亲在争儿子。两个人都振振有词说孩子是自己的，清楚孩子身上哪个地方有胎记。双方争执不下，很难判断，就来请包青天明察。包青天想：家务事是最难断的，但这两位母亲中必定有一位是假的，何不想个办法试探一下。

果然，包青天一说出他的方法，就试探出了哪一位母亲是假冒的。

你猜包青天想出了什么方法？

戴最大号帽子的人 70

寒冷的冬天，在北京首都国际机场上，戴最大号帽子的人是谁？

71 取滚珠

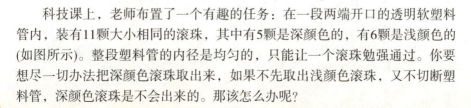

科技课上，老师布置了一个有趣的任务：在一段两端开口的透明软塑料管内，装有11颗大小相同的滚珠，其中有5颗是深颜色的，有6颗是浅颜色的(如图所示)。整段塑料管的内径是均匀的，只能让一个滚珠勉强通过。你要想尽一切办法把深颜色滚珠取出来，如果不先取出浅颜色滚珠，又不切断塑料管，深颜色滚珠是不会出来的。那该怎么办呢？

72 古书的厚度

书架上并排放着两本线装古书，分别为上册、下册。这两本书的厚度都是2.5厘米，封面和封底的厚度也都是1.5毫米。有一只书虫钻进了书中，它从上册的封面开始啃书，一直啃到下册的封底。你能计算出这只书虫啃了多厚的书吗？

73 汽车和火车同行

竞赛小汽车在什么时候能够和火车同一方向、同一速度前进？

胜利的秘诀 74

桌子上放着15枚硬币，你和你的对手轮流取走若干枚。规则是每人每次至少取1枚，至多取5枚，谁拿走最后一枚谁就能赢得全部15枚硬币。你应该怎样做才能保证一定胜利呢？

75 环球旅行家的话

环球旅行家比尔夏天的时候刚好到达广州，那里正晴空万里。比尔说："早知道这里和那里一样热，我就不用花6个月的时间跑到这里来了。"

你认为旅行家的话正确吗？

76 房子到底在哪里

地球上有一所房子，当你在房子周围走一圈，要确定4个方向时，会发现四周的方向都一样。那么这所房子到底在哪里？

77 相信不相信

上面有一个大方框，如果你相信事情会发生，请在方框里填上"是"，如果你不相信，就在方框里填上"否"。

然后请看下面的解答去瞧瞧那件事情是什么，看你预测得正确不正确？我敢保证你一定预测得不正确，不信，你就试试！

78 红豆和绿豆

用一个锅同时炒红豆和绿豆，炒熟后往外一倒，红豆与绿豆便自然分开，请问该怎么炒？

转换方向 79

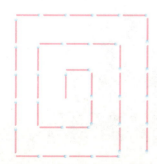

这里用35根火柴排出了一条呈方形的螺旋线。如果从里向外沿这条螺旋线行进，就要按顺时针方向兜圈子。

现在要求移动4根火柴，使图形仍是一条呈方形的螺旋线，不过在从里向外沿这条螺旋线行进时，是按逆时针方向兜圈子。想想该怎样移动？

80 胖胖的木墩

院子里有一个正立方体的木墩。胖胖想把它切成27块用来搭积木。你猜胖胖最少要切几刀才能完成任务？

81 互相牵制的局面

一块有36个白方格组成的形状大小一样的正方形白布上，不小心被哪个淘气鬼碰倒了墨水。墨水正好洒在正方形白布的两条对角线处。有位老先生说只要在干净处滴上8滴他特制的药水就可以让墨迹自动消除，但是这8滴药水不能处在同一横行或者竖行线上，也不准在同一条对角线上，如果违反了，整块布都会渗透成黑色。现在，老先生自己滴了一滴，剩下的7滴由你自己想办法解决，你该怎么做？

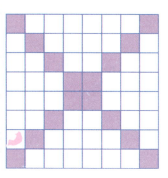

82 斯芬克斯谜题

古希腊有一个神奇的怪物叫斯芬克斯，它上身是一个女人的头像，后面却是狮子的身体。斯芬克斯来到底比斯城后，蹲在一个小山头上，注视着过路的人。每一个进入底比斯城的人都会被它拦住，然后被问一个问题：

世界上有一种动物，这种动物早晨四条腿，中午两条腿，晚上三条腿，腿越多，力量越弱。这是什么动物？

如果行人答不上来，立刻会被它吃掉；如果行人答对了，斯芬克斯就会跳悬崖而死。后来俄狄浦斯回答了出来，为底比斯城除去了一大祸害。你知道应该怎么回答吗？

83 喝酒

在单位聚会上，一个人在喝啤酒，从上午11点喝到下午2点，每30分钟喝完一瓶。问这段时间内，这个人共喝了多少瓶子？

84 机器猫的话

机器猫说："在一个星球上，当你扔出一块石头后，它只在空中飞了一小段距离后就停顿在半空中，再向你的方向飞回来，当然它决不是碰到了什么东西被弹回来的。"

你知道机器猫说的是哪个星球吗？

8根火柴 85

你能用8根火柴拼成2个正方形和4个三角形吗？

86 环球旅行

有两个人想从北京出发驾驶飞机环球旅行。一个人说：我向着北方飞行，只要保持方向不变，就一定能保证飞回北京。另一个人说：我向着南方飞行，只要保持方向不变，也一定能飞回北京。

他们说的对吗？

87 约翰的体重

"我最重的时候是85千克，可是我最轻的时候却只有3千克。"当约翰向别人说这件事情的时候，别人都不相信。

请你想一想，这可能吗？

熊猫幼崽的任务 88

最爱吃竹子的熊猫幼崽今天怀里竟然抱了9根火柴棒。原来，熊猫幼崽是要完成妈妈交给他的任务：用9根火柴棒拼出6个正方形。看来，熊猫幼崽今天是完不成任务了。你能帮帮他吗？

89 美丽的小女孩

如果现在刚出生了一名最美丽的小女孩，那么世界上发生了什么事情？

90 老猴子的点子

两只小兔子在森林里拣到了一堆蘑菇。为平均分配这堆蘑菇他们争吵起来了，最后只好把这个问题交给森林国王老猴子来处理。结果老猴子给它们出了一个绝妙的点子，两只小兔子高高兴兴地均分了这堆蘑菇。

请问：老猴子出了一个什么点子呢？

91 鸡与蛋哪个在先

小明和小华为是先有鸡还是先有蛋争论不休。作为公证人的你，该如何为他们解答这一难题？

自驾旅游 92

小丁和小林每人刚买了一辆新车，周末约定开着新车去自驾旅游。他们同时由同一个地方出发，走的是同样的路线，小林的车没有超速，小丁的车也从来没有超过小林的车。

请问：小丁有可能被开罚单吗？

谁的孩子 93

3个人在一起散步。第三个人说：第二个人是第一个人的孩子。但第一个人却反驳说，我不是第二个人的妈妈，他也不是我儿子。他们的话都是事实，那么是谁搞错了啊？

94 没招儿就认输

用8根火柴摆2个正方形，可移动其中的4根火柴，使图中有2个正方形、8个三角形。哈哈！你还有招儿吗？

95 可以替代的词

下面6个词组中的动词大多不能互换，然而有一个字是可以替代所有的动词的，你知道是哪一个吗？

①跳水　　②买油　　③砍柴
④做短工　　⑤写字　　⑥敲鼓

96 买东西

一个哑巴在商店买钉子。他先把右手食指立在柜台上，左手握拳向下做敲击的动作，售货员给他拿来了一把锤子，哑巴连连摇头，于是售货员明白了他想买钉子。哑巴买完钉子后高兴地走了。这时又进来了一个瞎子，他想买一把剪刀，请问他会怎么做？

滚动的火柴 97

拿一根火柴从一米高的地方松手让它下落，你能让它落地后不再滚动吗？

98 火车在什么地方

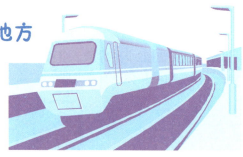

一列火车由北京开到济南需要四个半小时，行驶两个小时后，这列火车应该在什么地方？

99 来回的疑问

在一个无风的天气里，某人从A地乘摩托车到B地，车速每小时35千米，途中并无坡道，只有一处需要轮渡。过轮渡时并没有等待，车一到就上船了，共用了80分钟。回来时仍是原来的路线，在轮渡处也正好赶上班次，车速也一样。可是到了目的地一看表，却走了一个小时又二十分钟，这是怎么一回事？

重合的问题 100

钟表的时针和分针不停地走。问时针和分针在一昼夜中有几次一点不差地重合？

如何过桥洞 101

一条木船通过一座桥洞时，发现货物虽然不多，但装得高了一点，约高出桥洞1厘米。若要卸掉一些货物吧，无奈货物是整装的，一时无法卸下；若不卸吧，怎么也过不去。你能够想个简单的办法，在不卸货的前提下解决这个难题吗？

102 读书计划

一个中学生制定了一个读书计划：一天读20页书。但第三天因病没读，其他日子都按计划完成了，问第六天他读了多少页？

车应怎样开

一辆汽车在一条笔直的马路上行驶，车头朝南。你如何开车才能使汽车在不转弯的前提下，停车后，汽车在离原来所在地北面3千米的地方？

 狗狗赛跑

两只狗赛跑，甲狗跑得快，乙狗跑得慢，跑到终点时，哪只狗流汗多？

 园丁的妙招

公园里新运来一些漂亮的花岗岩，其中一个重达15吨，另外一些小的花岗岩也有150千克重。现在园丁师傅为了更加美观，想把这块大岩石放到小岩石上，但想要搬动这块15吨重的庞然大物似乎不太可能。刚巧有一位新来的园丁得知此事，两三下就把这块巨石搞定。你猜新来的园丁想了一个什么妙招？

巧移火柴

下面是淘气鬼扔下的烂摊子。请你移动其中的一根火柴使等式成立。

第三部分

想象思维游戏

被称为"20世纪最聪明的人"的爱因斯坦曾经说："想象力比知识更重要。"

你有丰富的想象力吗？你想给自己的大脑充电、加油吗？

那就多玩玩这些游戏吧！

"二" 的妙用

语文老师上课时出了一道很特别的题目，要求大家将下面16个方格中的每个"二"字加上两笔，使其组成16个不同的字。你也试试吧！

二	二	二	二
二	二	二	二
二	二	二	二
二	二	二	二

鸡蛋不破

你拿一个生鸡蛋，让它自由下落。在地上没有任何铺垫物的情况下，你能够使鸡蛋下落1米而不破吗？

生日蛋糕如何分

今天是聪聪的10岁生日。舅舅给他送来了一个特别大的圆形蛋糕。可即使是聪聪的生日，舅舅还是要考一下他，舅舅对聪聪说："如果你能把这块蛋糕分成完全一样的两份——不但一样重，形状也要相同，而且分出来的形状必须全部由曲线组成，不准有直线段，那我就再奖励你一份礼物。"聪聪盯着蛋糕看了半天也不敢动手。你能帮帮他吗？

110 分辨生熟鸡蛋

　　小力不小心把煮熟的鸡蛋与生鸡蛋混放在一起了。从外边又看不出来有什么区别，打开吧，如果是生鸡蛋那就把鸡蛋弄坏了。你能想出办法，不打开鸡蛋就把生鸡蛋和熟鸡蛋区分开吗？

111 古铜镜是真的吗

　　张老先生喜欢收藏一些古玩意，他没事的时候就到旧货市场上转转。这天，他看到一位年轻人拿着一面古铜镜在市场上叫卖，镜子上铸有"公元前四十二年造"的字样，张老先生不用请专家就知道这面古铜镜是假的。你知道为什么吗？

谁在挨饿 112

　　动物园里有两只熊，雄熊每顿要吃15千克肉，雌熊每顿要吃10千克肉，幼熊每顿吃5千克肉。但每天饲养员只买回来10千克肉，那就意味着会有熊挨饿，对吗？

113 哪一杯是水

两个杯里分别装有一种无色、无味、不能相互混合并且比重不同的液体，其中一种液体是水。请问：用什么方法才能把水辨别出来(不能亲自去尝，有可能是有毒的化学试剂)？

114 激发想象力

让你的朋友迅速做出反应，很快地说"白色"这个词15遍，在这个过程中，让他把"白色"与"母牛"联系起来。然后，让他不假思索地回答下一个问题"牛喝什么？"他的回答一定能让你大吃一惊。不信就试一试！

115 为什么不让座

在一个以文明礼貌而著称的城市，有一个残疾人上了公交车后，却没有人让座。车上的每个人都是非常有礼貌的，并且他们也都非常反感不给"老弱病残孕"乘客让座的行为，可是，他们为什么不给这位残疾人让座呢？

巧切西瓜

夏天的时候，爸爸从外面买来一个大西瓜，明明立即拿着刀说他来切。爸爸则要求如果明明能切4刀把西瓜切成15块，就让他切。明明想了很久也没有想出来怎么切，看来这个西瓜只能由爸爸来切了。

亲爱的朋友，你能帮帮明明吗？

 有多少土

工人在山腰挖了一个大洞，洞深10米，宽1.5米，高2米。请问：洞里面有多少立方米的土？

飞行员的姓名 118

你是从上海飞往深圳的一架飞机上的飞行员。上海距离深圳比较远，飞机以每小时900千米的速度飞行，要飞1小时40分钟左右。有一次，由于天气原因，这架飞机中途做了一段时间的停留。请问这位飞行员的名字叫什么？

 黑夜看报

在漆黑的夜里，有一个人在房间里看报纸，这时，突然停电了，屋里伸手不见五指。但那个人仍能继续读，一点儿也不受影响。这到底是怎么回事？

翻硬币

桌上放有5枚币值朝上的硬币，如果每次只准翻动2枚硬币，问翻动几次，可使这5枚硬币的国徽一面都朝上。

最先到达的地方

哥伦布冒险航海绕地球时，最先到达的地方是现在的哪里？
A.不知道　　B.美国东北部　　C.中美洲群岛　　D.巴西　　E.非洲好望角

122　**外国人与中国人**

有一个人到外国去了，可是他周围的人都是中国人，这是什么原因？

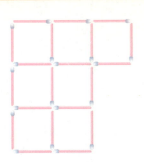

123 火柴棒难题

妈妈最喜欢用火柴棒来考佳佳。有一天，妈妈在桌上用火柴棒摆了这样一个图形（如右图），要求佳佳只能动3根火柴棒把右面的7个正方形变成5个正方形。佳佳想了半天也没有想出来，你知道应该怎么做吗？

穿越森林 124

一个探险家在前进的途中遇到一片广袤的森林。请问他最多能走进森林多远？

125 摔不伤的人

有一个人从20层大楼的窗户上往地面跳，虽然地面没有任何铺垫物，可是他落地后却没有摔伤。这是怎么回事？

还有几条活蚯蚓 126

汤姆钓鱼时喜欢用蚯蚓当鱼饵。这天，他共抓了5条蚯蚓，后来分鱼饵时把其中2条蚯蚓切成了2段。这时，汤姆还有几条活蚯蚓？

127 究竟出了什么问题

有一天，路路感冒了去找内科大夫，精神科医生却从里边拿着药出来了。这究竟是出什么问题了呢？

128 到底是星期几

如果今天的前5天是星期六的前3天，那么后天是星期几？你能算出来吗？

先喝到杯底的饮料 129

满满一瓶饮料，怎样才能先喝到瓶底的饮料呢？

快速反应 130

如果圆形是1，那么八边形是多少？

131 油漆的颜色

杰克想把花园里的篱笆涂上黄色的油漆，但是家里只有红、绿、蓝3种颜色的油漆，他应该怎么做呢？

 132 烤饼

有一种烤锅一次只能烤两张饼，烤一面所需要的时间是1分钟。你能在3分钟的时间里烤好3张饼吗？

注意：饼的两面都需要烤。

有多少水 **133**

有一个圆柱形的水桶，里面盛了一些水。林林看了说，桶里的水不到半桶；可可则说桶里的水要多于半桶。现在要求不使用其他工具，你能想出办法判断他们俩谁对谁错吗？

最后的赢家 **134**

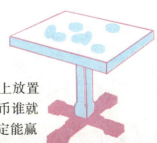

有一张正方形的桌子，两个人先后在桌子上放置同样大小的硬币。谁能在桌子上放最后一枚硬币谁就是赢家。如果让你先放，怎样做才能保证你一定能赢呢？(硬币不能叠放)

如果把桌子换成长方形、菱形、圆形或者正六边形呢？

135 冰上过河

一个寒冷的冬天，一支部队来到了松花江边上，可即使是冬天，松花江面还只是结了一层薄薄的只有五六厘米厚的冰，冰上面覆盖着一层雪。很明显这样踩在冰面上是很危险的，只有等到冰层达到七八厘米才会安全。大家正着急的时候，一位新来的士兵想出一条妙计。部队只等了一会儿，冰层的厚度就达到了8厘米以上。你知道他想出了一条什么妙计吗？

136 喝了多少杯咖啡

客人来到一家餐厅，要了一杯咖啡，当喝到一半时又兑满开水；又喝去一半时，再次兑满开水；又经过同样的两次兑水过程，咖啡最终喝完了。

请计算这位客人一共喝了多少杯咖啡？

两岁山 137

在某一个国家有一座高山，海拔为12365英尺。当地人根据这一数字，称它为"两岁山"。你能想到是什么原因吗？

取出药片 138

平平感冒了，医生给他开了一瓶药片。药瓶是用软木塞子密封的。在不拔出瓶塞，也不在上面穿孔的情况下，能从完好的瓶子里取出药片吗?

139 蜡烛燃烧了多长时间

房间里电灯突然熄灭——保险丝烧断了。弟弟点燃了备用的两支蜡烛，在烛光下继续看书，直到哥哥把保险丝换好。

第二天，哥哥需要确定昨晚断电共有多长时间。但弟弟当时没有注意断电的时间，也没有注意是什么时候来的电，也不知道蜡烛原来的长度。他只记得两支蜡烛是一样长，但粗细不同，其中粗的一支能用5个小时（全用完），细的一支4个小时用完。两支蜡烛都是经他点燃的新烛。他没找到蜡烛的剩余部分，因为哥哥把它们扔掉了。据哥哥说他扔掉时一支残烛的长度是另一支残烛的4倍。

140 分衣服

有两位盲人，他们都各自买了两件黑衣服和两件白衣服，衣服的布料、大小完全相同。两位盲人不小心将4件衣服混在一起。他们怎样才能取回自己的衣服呢?

发现蓝宝石

在表格的每一行、每一列中，隐藏了若干宝石，其数量是表格边的数字。此外，在某些方格中标记了箭头符号，意思是：在箭头的前方藏有蓝宝石，当然在这个方向躲藏的蓝宝石可能不止一个。换句话说：每个箭头所指之处，至少能找到一个蓝宝石。请在表格中标出你所认为有蓝宝石的方格子，看你能找到多少个？请在图上的表格里标注。

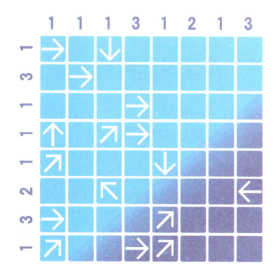

 过桥洞

一辆载满货物的汽车要通过一个立交桥的桥洞，但是汽车顶部比桥底要高1厘米，怎么也过不去。你能够想办法解决这个难题吗？

第四部分

观察思维游戏

眼睛是心灵的窗户，但如果你不用大脑去思考，眼睛也会欺骗你。

下面这些游戏用各种出其不意的方式，全面考查你的洞察力。

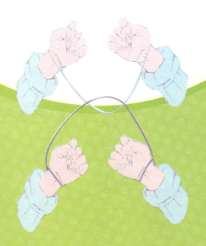

143 不成立的等式

下面的不等式是由14根火柴组成的。请你只移动其中一根火柴，使不等式成为等式。

74－4＝4

144 流动的竖线

在下面这些流动的竖线中，你能找出最长的一条吗？

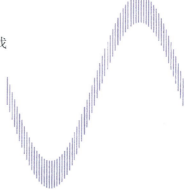

145 找关系

下面3组数字中，每一组数字都有一个相同的条件。你能猜出这3组数字间有何种关系吗？

黑度的区别 146

左边的圆和右边的圆的黑度是一样的吗？

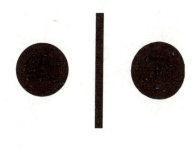

147 一笔成图

下面这6幅图有一些是可以一笔画出来的，有一些是不能一笔画出来的。你能判断哪些图能一笔画出来，哪些图不能一笔画出来吗？要求是不能重复已画的路线。

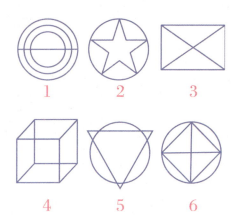

148 拼积木

这5块积木可以组成汉字"上"，你知道应该怎么拼吗？

149 立方体问题

同一种图案不可能在两个以上的立方体表面上同时出现。看一看，下面哪个图不属于同一个立方体？

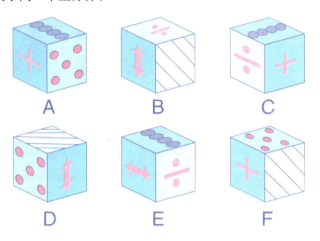

A　　　　　B　　　　　C

D　　　　　E　　　　　F

150 路线图

如何画出A到a、B到b、C到c、D到d的路线，使这些路线没有相互交叉点？

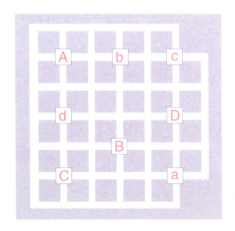

151 微笑的女人

花几秒钟看看这张微笑女人的脸，然后再把书上下翻转，你就会有惊人的发现。请指出图中两处错误各是什么？

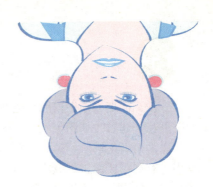

残缺变完整 152

用两条直线把这个残缺的正方形切成3块，使这3块能重新拼成一个正方形。

153 谁不一样

下面5种物品中，有哪一种与其他4种物品不一样？
锯、牙刷、梳子、钳子、叉子。

154 聪明的柯南

一帮歹徒把大侦探柯南和他助手的双手绑在一起后（如图）就离开了。歹徒们以为柯南是逃脱不掉的，但聪明的柯南没有利用任何工具毫不费力就解开了绳子，摆脱了困境。你知道他是怎样解开绳子的吗？

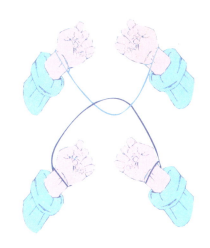

155 反方向运动的猪和鱼

请你动最少的火柴，分别满足以下的要求：
① 让猪往反方向走。
② 让鱼往反方向游。

156 三分土地

美国有一个农场主，家里有一块地，形状如右图。他有3个儿子，儿子长大后，农场主决定把地分成3份给3个儿子。要求不仅面积一样大，形状也得相同。你知道需要增加几根火柴才能按要求摆出分地示意图吗？

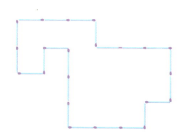

157 贪心的老鼠

每间房里都有一块点心。一只贪心的老鼠想一次吃完所有的点心后，从A门出来。请问老鼠从1～8中的哪扇门进去，才不走重复路线(每间房只允许进出各一次，并且不许从同一扇门进出)? 帮老鼠想一想该怎么走?

提示：从唯一的出口A门倒着向前寻找路线，这样成功率就大一点。

158 联邦调查局的难题

联邦调查局最近接到一份恐怖分子发来的密函(如下图)。破译组的成员连夜对其进行解密，从古罗马文化联想到古巴比伦文化，再到古埃及的符号，用各种各样的方法和假设都没能解开谜底。一天，一位新来的助手得知此事后，随手拿起这份密函，希望能从中找出一点蛛丝马迹。果然，不到一分钟，新助手告诉大家：这是一份类似于恶作剧的挑衅书，目的是转移联邦调查局的视线。

你知道新来的助手发现了什么秘密吗?

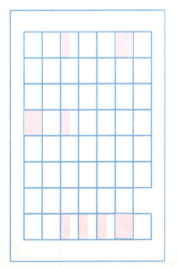

159 平分遗产

一位老财主生有4个儿子，他临死前，什么遗产都没有留下，除了一块正方形的土地。土地上面有4棵每年都会结果的苹果树，树与树之间的距离是相等的，从土地的中心到一边排成一排。老财主把这个难题交给4个儿子，要求最聪明的儿子来把土地和果树平均分配，可是没有一个儿子能解答。你知道该怎么分吗？

160 不和谐的邻居们

有3户人家合住在同一个小院里（如图所示），但他们总是吵架，住得都很不开心。住在大房子的主人最先采取措施来改变这种状态——从他家的门口到图中下方修了一条封闭式的小路。住在右边房子里的主人也不甘示弱，他修了一条路，通到左边的大门。最后，住在左边房子的主人也修了一条路，通到右边的大门。但令人惊奇的是，这几条路都互不相交。你能正确地画出这3条路吗？

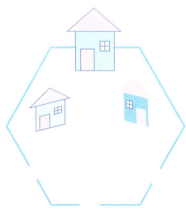

161 考考你自己

如下图所示，你知道表格中的问号应填入什么数字吗？

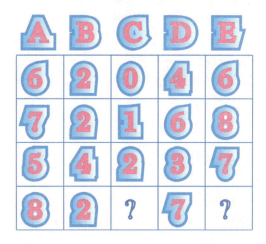

A	B	C	D	E
6	2	0	4	6
7	2	1	6	8
5	4	2	3	7
8	2	?	7	?

162 划分区域

请尝试将下面方格划分为6个完全相同的部分。要求划分后的每个部分中，所有数字之和必须等于17。

7	1	4	4	4	3
3	5	5	3	5	2
5	5	1	3	5	0
1	4	3	2	0	5
3	0	4	5	6	4

163 巧手剪纸

张大妈有一双灵巧的手，她最喜欢的是剪希腊十字架。但她剪的十字架和别人不一样，只需一张正方形的纸，用剪刀把它剪成5块，就做成了一个希腊十字架。你知道张大妈是如何剪的吗？

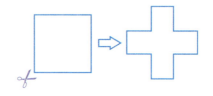

164 圆点不见了

这是世界上最简单的问题。这个问题只要用一双眼睛就可以办到。

不要用手和任何工具，请让这页上的圆点消失，但三角不能消失，不能用纸遮住或者用涂改液涂掉。

165 奇妙的莫比斯环

拿出一张长纸条，将其中一端翻转之后，再把两端连接固定，形成1次的纸环，即莫比斯环(如图1)。莫比斯环最妙的不是如何形成，而是在不断的剪切中，它的无穷变化令无数的人倾倒。

先把转折1次的纸环沿着宽度1/2处剪开（如图中的虚线），这样会形成一个两倍长度、转折2次的纸环(如图2)。接下来把转折1次的纸环从宽度为1/3处剪开成三等份后，会出现什么情况呢？请先仔细思考，然后再自己实践。

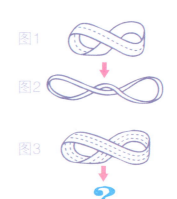

图1

图2

图3

？

166 排位问题

甲、乙、丙、丁、戊和己六个人正在洋洋超市排队交款。己没有排在最后，而且他和最后一个人之间还有两个人；戊不是最后一个人；在甲的前面至少还有四个人，但他没有排在最后；丁没有排在第一位，但他前后至少都有两个人；丙没有排在最前面，也没有排在最后。

请问，他们六个人的顺序是怎么排的？

167 一笔勾图

下面3个图，你能一笔勾出的有几个？

168 和值最大的直线

请在下图中画一条直线，使得直线所经过的格子和值最大。

8	1	6
3	5	7
4	9	2

169 两位数学老师

两位数学老师相对坐在办公室看同一份作业，她们为了其中的一道题目争得面红耳赤，其中一个说："这个等式是正确的。""不，这完全是错误的。"另一个说。

请问：她们看的是一个什么式子呢？

170 测测你的观察力

仔细看右表，试将其填写完整。

171 歪博士的考题

歪博士最近闲得无聊，就出了这样一道题目来考考周围的人：这是5×5排列（即横竖都是5颗棋子）的棋子阵，一共25颗棋子。现在再加5颗，一共30颗棋子，能不能使这个方阵变成横行、竖行、对角都是6颗棋子呢？

172 该填什么数字

如图所示，想想问号处该填入什么数字？

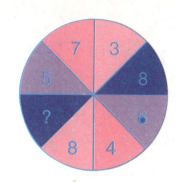

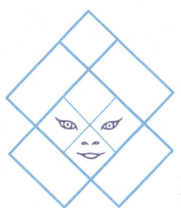

阿拉伯人的头巾 173

阿拉伯国家的人喜欢戴头巾，他们的头巾各式各样，十分好看。左面这块带刺绣的正方形的头巾是由很多个小正方形组成的。你能数出头巾中共有多少个正方形吗？

174 愚昧的贵妇人

从前，有一个贵妇人的脖子上挂着一个特别大的钻石项链。这条项链的挂坠上镶有25颗呈十字架排列的钻石。拥有这件无价之宝的贵妇人平日里最喜欢清点十字架上的钻石，她无论是从上往下数，还是从左往上数或者从右向上数，答案都是13。但是，无意间贵妇人的这三种数法被工匠师知道了。当贵妇人拿着被工匠师修理好的挂坠，当面清点完回家后，工匠师正看着手里从挂坠上取下的钻石偷偷乐。

你知道工匠师在哪个地方动了手脚吗？

175 14个正三角形

如右图，有4个正三角形，你能否再添加一个正三角形，使之变成14个正三角形呢？

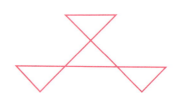

奇形怪状的木板 176

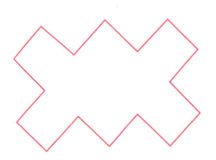

丁丁家有一块奇形怪状的木板（如左图）。一天，爸爸想让丁丁把它拼成一个正方形，前提是只能锯两次。丁丁看了半天也不敢动手，你能帮帮丁丁吗？

177 缺少什么数字

仔细看右图，请填出缺少的数字。

围墙 178

左图是一个用35根火柴棒组成的围墙。请你在围墙内挪动4根火柴棒，拼成4个封闭的大小不一的正方形。

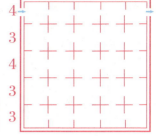

179 走围城

请将以下条件分析清楚，找到正确的出路。起点和终点都是用→来表示的。

① 在各行(横着排列的)必须通过的房间的总数量，根据该行左边正对着的数字来确定；在各列（竖着排列的）必须通过的房间的总数量，根据该列上边正对着的数字来确定，要求刚好能满足这些数字来走完路途。

② 曾经走过的房间不能再重复通过，而且，不能在同一个房间里折返（走U字形）。

2变8 180

不准把火柴折断，用两根火柴拼出8个三角形。想想该怎么做？

181 数学天才的难题

杜登尼是一位数学天才，这是他所提出的一个非常难解的七边形谜题。请在右图中填入1到14的数字（不能重复），使得每边的三个数之和等于26。

2	9	6	24
6	7	5	47
5	6	3	33
3	7	5	?

复杂的表格 182

仔细看表格，然后说出表格中的问号该填什么数。

猜猜我是谁 183

我可以利用自己嘴里的武器吓跑欺负你或者你的朋友的敌人，但是面对儿童举起的砖头，我就不得不马上逃走。请问我是谁。

184 数字方块游戏

在每一行、每一列，以及这个数字方块的2条对角线，都包含了1，2，3，4几个数字。在这个数字方块里，已经标示了部分数字。你能根据这一规则把方框填写完整吗？

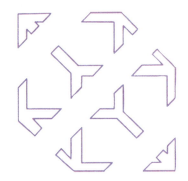

考眼力 185

为了考验你的眼力，请仔细看左面这张图，想想看它是什么？

186 顽皮的猫

有一只猫非常顽皮，爬到桌子上把挂钟摔成了两半，两个半块钟表面上的数字之和恰巧相等。请问：钟表到底是从哪里裂开的呢？

数字哑谜

这是一个数字的哑谜。请在右面打问号的地方填入适当的数，且用数字解释图中的图形分别代表什么数字？

$$\square + \lozenge - \triangledown = 6$$
$$\triangledown - \triangle + \square = 3$$
$$\lozenge \times \square \times \triangledown = 140$$
$$\lozenge + \triangledown + \square = ?$$

188 补充六线星形

请在○里各填入一个从1到12的数字，使各个边上的○内的数字之和为26。但是，已经写入的数字不能移动。

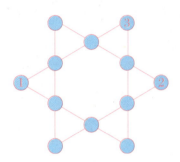

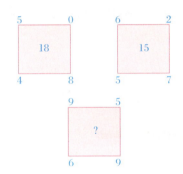

举一反三 189

根据范例，请在左图的问号处填入合适的数字。

190 找规律

下面是一组被打乱的数，在被打乱之前它们之间有一个非常有趣的规律。你试着找找看，然后按其规律重新把下面的数排列起来。

3　5　13　21　1　1　2　8

191 神奇的折纸

乍一看，把纸折叠成这种效果是不可能的。可是，如果你的脑子里有正确的思路，将纸折成这样的效果是轻而易举的。试试看，只允许把一张长方形的纸片剪开两处，不允许使用胶水和胶带，你能不能做到呢？

摆三角形 192

有3根木棒，分别长3厘米、5厘米、12厘米，在不折断任何一根木棒的情况下，你能够用这3根木棒摆成一个三角形吗？

3厘米

5厘米

12厘米

193 切正方形

一个正方形的桌面有4个角，切去一个角，还剩几个角？

不要过于轻率地认为这是一个简单的减法，仔细想一想，会有什么样的结果呢？

提示：有3种切法。

194 镜子里的影像

在照镜子时，你在镜子中的影像与你自己相比，左右颠倒了方向。比如你的左手，在镜子中就成了你的右手，而你的右手在镜子中则成了你的左手。由此看来，镜子中的影像是可以左右颠倒的。

但是如果你在镜子前面侧身躺下，你会发现镜子中的影像并没有左右颠倒，比如你头和脚的位置看上去依然与你躺下的实际方向是一致的。为什么又不会出现左右颠倒的情景呢？

错位的眼睛 195

仔细看左图，观察她的眼睛错位了吗？

196 开环接金链

有四段3个环连着的金链，要设法将它们连成一个金链圈，至少要打开几个环？

倾斜的线条 197

仔细看一看，左图中竖直的线条是倾斜的吗？

198 角度排序

不要使用量角器，下图中哪一个角最大？哪一个角最小？你能按从小到大的顺序排列一下吗？

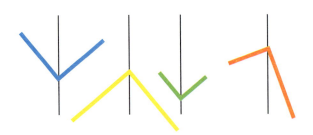

大于3，小于4 199

用3根火柴摆出一个符号，要大于3，小于4。应该怎么摆？

200 巧划分（1）

请在右图中画3条直线，将图分割成6个部分，使每一部分中有1条鱼和1面小旗，并按顺序各有0～5个鼓和雷电，线条不必从一边画到相对的另一边。

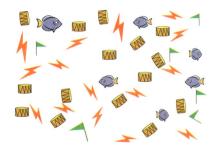

巧划分（2）

请在右图中画4条直线，将图分割成8部分，使每一部分中有3只蜻蜓，并按次序各有1～8只蜜蜂。

火柴变形

图中用12根火柴排成6个正三角形，每次移动2根，使图中的正三角形分别为5，4，3，2个。该如何去移动？

 系绳子

小可有红、蓝、黄3根绳子。现在红、黄2根已经系好了一个绳结，在不许解开已经系好的绳结的前提下，你能否把蓝绳按红、蓝、黄的顺序系好呢？

聪慧的木匠

一位聪慧的木匠把两个积木切割成左图的形状。当然，反面也是同样的外观。

你知道这位木匠是怎么切割的吗？

图1　图2　图3　图4

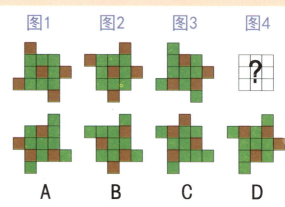

205 取代图形

仔细观察前面三幅图，然后思考可以取代问号位置的图形应是A、B、C、D中的哪一个？

A　　B　　C　　D

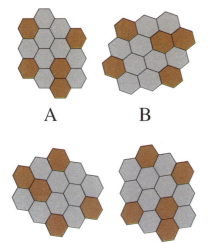

A

B

哪个与众不同 206

A、B、C、D 4个图中有一个与其他三个不相同，你能看得出来吗？

C

D

哪个是另类 207

下列5个字母中哪一个是另类，最不像其余4个字母？

    Z
H　　K　　N　　E　　Z
(1)　(2)　(3)　(4)　(5)

第五部分

分析思维游戏

　　分析思维游戏最大的奥妙之处就在于它不会直接地告诉你"1+1=2"，而是通过独特的方式一步步引导你，教你分析问题，帮你解决问题，从而提高你的分析能力。

208 什么骗了你

下面几组图形中，由于你的眼睛"欺骗"了你，使你产生了错觉，不信就用尺子量一量。

①两个正方形哪一个大？

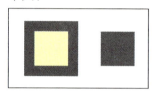

②两条对角线哪一条长？

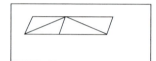

209 孤独的星星

右图中，哪一颗星星不属于这个星座？

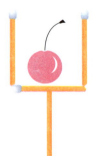

吃樱桃 210

桌上有一个用火柴棒拼成的杯子，杯子内放有一颗晶莹剔透的樱桃。如果你想吃到这颗樱桃的话，只能挪动2根火柴棒，把樱桃从杯子中拿出来。你知道该怎么挪动吗？

211 求婚的门槛

所罗门王有一个漂亮的待嫁的女儿。周边许多国家的王子和侯爵都想迎娶这位美丽的公主。为了考验求婚者的智慧，所罗门王随手画了一个用许多三角形组成的图案，要求求婚者数这个图案里一共有多少三角形。数对的就可以迎娶公主。

你能数出图案上有多少个三角形吗？

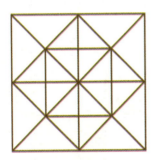

复杂的图形 212

请你数一数在左面这个复杂的图形中有多少个正方形？有多少个三角形？

213 只剩5个正方形

右图是由20根火柴棒排成的大小相同的9个正方形。试移动3根火柴棒，放在适当的位置，使图中只有5个正方形。

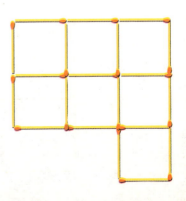

214 台历日期

右边台历上斜着的三个日期的数字之和为42，请问这三个日期为哪三天呢？

转动的距离 215

两个圆环，半径分别是1和2，小圆在大圆内绕圆周一周，问小圆自身转了几圈？如果在大圆的外部，小圆自身转几圈呢？

216 和为18

请你将 1~8 这 8 个数字分别填到右图中的 8 个方格内，使方格里的数不论是上下左右中，还是对角的四个方格以及四个角之和都等于18。想想你该怎么填？

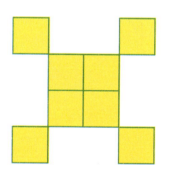

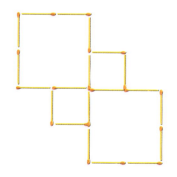

火柴游戏 217

这是用20根火柴摆成的图形，你只能移动其中的4根火柴，使它变成3个形状相同、面积也一样的图形吗？

218 奇怪的现象

美国的一个魔术师发现这样一个奇怪的现象：一个正方形被分割成几小块后，重新组合成一个同样大小的正方形时，它的中间却有个洞！

他把一张方格纸贴在纸板上，按图1画上正方形，然后沿图示的直线切成5小块。当他照图2的样子把这些小块拼成正方形的时候，中间真的出现了一个洞！

图1的正方形是由49个小正方形组成的，图2的正方形却只有48个小正方形。究竟出了什么问题？那个小正方形到底到哪儿去了？

图1　　　　　　　图2

多多家的小鸭子 219

多多家有两只刚出生不久的小鸭子，为了防止鸭子乱跑，多多就用8根木条分别围成两个互不相连的正方形。这时，好心的邻居又送来了一只小鸭子，可是多多家没有多余的木条了，她该怎样用剩余的木条围成3个正方形，让3只鸭子分别住进3个正方形里呢？

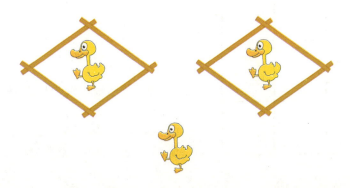

糟糕的台历

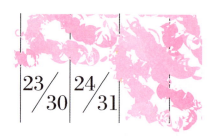

上个月30号是小白的生日。当天晚上有一个吃剩的蛋糕被小白随手扔在书桌的台历上。第二天早上醒来，小白发现蛋糕被贪吃的老鼠啃得面目全非，就连台历也被老鼠撕得乱七八糟，只能从仅存的部分中依稀看到几个字（如左图）。根据这些仅存的数字，你能否推测出这个月的1号是星期几？

问号处该填什么

右面这道题目经常出现在公务员的考试中。请仔细观察，想想问号处该填什么？

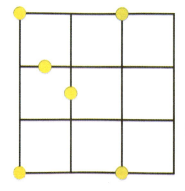

有趣的棋盘

左图是一个棋盘，棋盘上放有6颗棋子，请你再在棋盘上放8颗棋子，使得：

① 每条横线上和直线上都有3颗棋子。

② 9个小方格的边上都有3颗棋子。

223 母鸡下蛋

一只母鸡想使每行（包括横、竖和斜线）中的鸡蛋不超过两个，它能在蛋格子里下多少蛋？你能在表格中标注出来吗？图中有两个鸡蛋了，因而不能再在这条对角线上下蛋了。

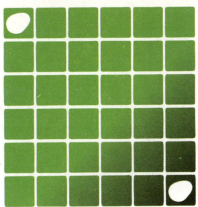

魔方的颜色 224

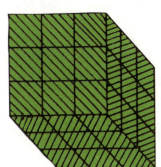

有一个魔方（如左图），所有的面都是绿色。请问：有几个小立方体一面是绿色？有几个小立方体两面是绿色？有几个小立方体三面是绿色？有几个小立方体四面是绿色？有几个立方体所有的面都没有绿色。

225 陌生的邻居

在一个菱形的小区的中央住着4户人家，他们的草坪分别在菱形小区的4个角落（如右图）。但他们都不愿意和邻居打招呼，想不穿过别人家的区域就能到自己家的草坪去。

假如你是这个小区的物业管理员，你该如何让这4条路彼此不相交就能到达他们自家的草坪？

爱因斯坦的谜题

这是爱因斯坦在20世纪初出的谜题。在一条街上，有5座房子，喷了5种颜色。每个房里住着不同国籍的人，每个人喝不同的饮料，抽不同品牌的香烟，养不同的宠物。

请问：谁养鱼？提示：

① 英国人住红色房子。

② 瑞典人养狗。

③ 丹麦人喝茶。

④ 绿色房子在白色房子左面隔壁。

⑤ 绿色房子主人喝咖啡。

⑥ 抽Pall Mall 香烟的人养鸟。

⑦ 黄色房子主人抽Dunhill 香烟。

⑧ 住在中间房子的人喝牛奶。

⑨ 挪威人住第一间房。

⑩ 抽Blends香烟的人住在养猫的人隔壁。

⑪ 养马的人住抽Dunhill 香烟的人隔壁。

⑫ 抽Blue Master的人喝啤酒。

⑬ 德国人在抽Prince香烟。

⑭ 挪威人住在蓝色房子隔壁。

⑮ 抽Blends香烟的人有一个喝水的邻居。

 看图做联想

仔细观察右面的图片，想一想这些图片之间有什么联系？

找伙伴

用3条不相交的线连接颜色相同的五角星，每个五角星的后面只能绕过一次。

地图 229

小童住在甲区，她的朋友婷婷住在乙区。一天，婷婷想去小童家玩，小童该如何以"最简单"的方法（她走的路程不一定是最短的）告诉婷婷用右面的地图找到甲区？

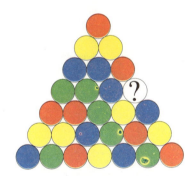

消失的颜色 230

仔细看左图，想想图中空白的圆圈该填什么颜色？

231 如何种树

有一块地上栽着16棵美丽的树，它们形成12行，每行4棵树（如右图）。其实，这16棵树可以形成15行，每行4棵树。你知道应当怎样栽种吗？

 232 不湿杯底

有一个玻璃杯,杯子底部的里面是干的,现在把杯子放进装满水的盆子里,但要使杯子的底部仍是干的,你能做到吗?

233 掌心里的洞

把一张普通的书写纸卷成筒状,将左手平放在纸筒的左边。两只眼睛都睁开,然后用右眼往里面看。你会发现什么?

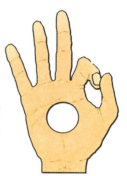

找不同 234

左面几个图片中,哪一个与其他的不一样?

区别在哪里 235

这组图片中有两处明显的区别,你知道是哪两处吗?

236 一步之差

在课堂上，老师出了这样一道题目：怎样移动一根火柴棒，就可以让等式成立（＝可以是≈）。

甲移动了一根火柴，只差一点就完全相等了。而乙同样是移动了甲刚才动过的那根火柴，竟使答案更接近了。你知道他们是怎么移动火柴的吗？

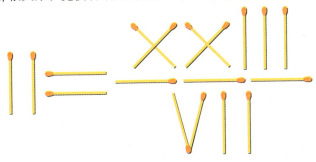

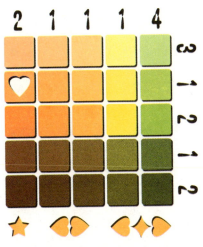

暗藏陷阱的宝藏图 237

从左面的方格里，找出其中隐藏的五处宝藏。方格下方绘有一些宝藏图案。在这些图案里，一处宝藏是占据了3个方格（宝藏三），另外两处宝藏共占据了2格（如宝藏一），还有两处宝藏各占据了2个单元格(宝藏二)。在方格右边和底边各有一排数字，表示在每行及每列中隐藏的宝藏所占的方格数。

除此之外，每个组合的宝藏图，一定是水平或直立的；而且一处宝藏与另外一处宝藏之间绝对不会彼此贴近，或位于彼此的对角位置。在方格中已绘有宝藏二的半个图，作为解题指南，这半个图如图中所示。

另外还需要注意的是，在这些方格中，每格代表的若不是宝藏，就必定是陷阱。你能寻找到这些宝藏吗？

238 丢失的稿件

一阵清风把一堆没有装订的稿件吹散了，找回来的稿件中丢失了两页，请你想想是哪两页没有找回来呢？

提示：请仔细观察右图的稿件上的页码。

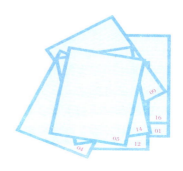

239 变三角形

10枚硬币排成倒三角形，如果让这个三角形朝上，只允许移动3枚硬币，该怎么移？

变字游戏 240

请你移动3根火柴棒，使"田"字变成"品"字。

三个数 241

有三个不是0的数的乘积与它们之和都是一样的。请问：这三个数是什么？

X×Y×Z=□

X+Y+Z=□

242 自制扇子

小红有两个类似于银杏叶的扇子，但她觉得风不够大，想把它们各剪一刀拼成一个正方形。你能帮帮她吗？

243 最后的弹孔

某地著名的富翁被枪杀了。他是站在房子的窗边时，被突然从窗外射来的子弹击中的。也许是凶手的枪法不准，打了4枪，最后一枪才命中。窗户的玻璃上留下4个弹孔。你知道最后一枪的弹孔是哪个吗？

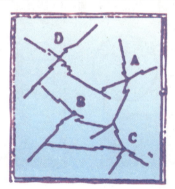

有趣的类比 244

下面的九格图中，分别有1~9九个数字，如果图1阴影部分代表4，那么，图2阴影部分代表几？

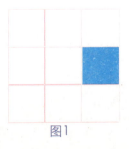

图1

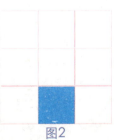

图2

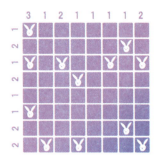

245 兔子的食物在哪里

在一个表格里有几只兔子，每只兔子都有一颗专属于自己的胡萝卜，这颗胡萝卜有可能紧邻在兔子的四周，但不可能出现在兔子的对角线相邻位置。同时，两颗胡萝卜也不能相邻，也就是说，它们彼此之间不能"接触"。位于每行和每列的胡萝卜数目已经标示在表格旁了，到底兔子们的食物在哪里？

246 冬天还是夏天

下面这两幅图，你能区别哪一幅是夏天，哪一幅是冬天吗？

复杂的碑文符号 247

考古人员在希腊进行发掘工作时，使一批奇异的古代遗迹重见天日。他们发现很多纪念碑的碑文上反复出现下面这个由圆和三角形组成的符号。

这个图可以一笔画出，线条都不重复地画过两次以上。不过，如果采取那种更为一般的，允许同一线条可以随意重复画过的画法，只是要求用尽可能少的转折一笔画出这个图形，它无疑会成为很好的一道趣味题。你知道怎么画吗？

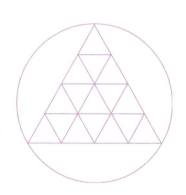

248 字母逻辑

依照右图的逻辑，说说Z
应该是黑色还是白色？

249 填色游戏

将这些圆形分别填上红、黄、蓝和
绿色，使得：

①每种颜色的圆形至少3个。

②每个绿色圆形都正好和3个红色圆
形相接。

③每个蓝色圆形都正好和2个黄色圆形相接。

④每个黄色圆形都至少各有一处分别和红色、绿色和蓝色圆形相接。

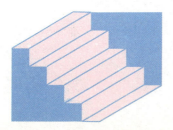

魔术阶梯

这个魔术阶梯是有名的施罗德阶梯，如果
你将它倒过来看就知道它有什么特别之处。

现在请在每一阶上各放一张黑色和白色的
卡片，使每一阶卡片的数字之和为5个连续的
数字，即：9，10，11，12，13。

迷路的兔子

兔子小姐不小心掉进了很多格子的盒子里。她好想出去走走，可又怕被主人发现，而且她一次只能"上下"或"左右"移动一格，不能跳动。

请你帮她想想要如何走，才能走完所有的格子回到原点，而且不被主人发现呢？

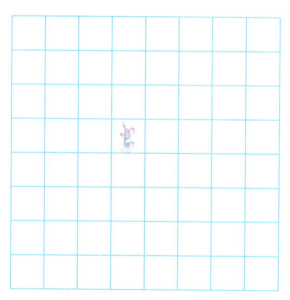

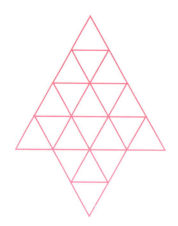

多少个等边三角形 **252**

发挥你的想象力，仔细数一数，左面图形中到底有多少个大小不同的等边三角形？

第六部分

演算思维游戏

　　枯燥、乏味的数字通常让很多人头疼，但当数字通过加、减、乘、除的方式与游戏结合起来时，它的巧妙与精彩会让你轻松驾驭，连连叫好。

253 过河

一条大河上没有桥，37人要过河，但河上只有一条能装载5人的小船。

请问：37人要多少次才能全部过到河对面？

254 井底之蛙

一只井底之蛙想出去见见世面，于是开始攀爬井壁。每爬一次，就上升3米，但每次上升前会下落2米，已知井深10米。请问：这只青蛙要攀爬几次才能爬出井去？

粗心的管理员 255

公园的管理员看到公园里到处都是游客扔的垃圾，非常气愤。他决定增设20个垃圾桶，分别放在5条相互交叉的路上，每条路上放4个。但由于粗心大意，他少带了10个垃圾桶。那该怎么办？难道把垃圾桶劈成两半吗？

聪明的你帮忙想想办法吧！

多少只羊 256

甲赶了一群羊在草地上往前走，乙牵了一只肥羊紧跟在甲的后面。乙问甲："你这群羊有100只吗？"甲说："如果再有这么一群，再加半群，又加1/4群，再把你的一只凑进来，才满100只。"

请问：甲原来赶的那群羊有多少只？

有一个农夫用一个大桶装了12千克油到市场上去卖，恰巧市场上两个家庭主妇分别只带了5千克和9千克的两个小桶，但她们买走了6千克的油，其中一个矮个子家庭主妇买了1千克，一个高个子家庭主妇买了5千克，更为惊奇的是她们之间的交易没有用任何计量的工具。你知道她们是怎么分的吗？

三只桶的交易 257

$$101-102=1$$

移数字 258

请移动左面等式中的一个数字（只能是数字，而且不能将数字对调，也不能移动运算符号），使等式成立。

259 巧填算式

请你在下面的三道算式里分别填上合适的运算符号，使等式成立。

① 1 2 3 4 5 6 7 1＝51
② 5 6 7 1 2 3 4＝51
③ 6 7 1 2 3 4 5＝51

260 断开的风铃花

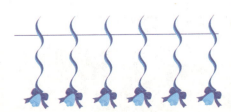

小柔是一个喜欢动手的好孩子，她最喜欢做的就是风铃。这一天，她折了6朵风铃花，用一根1米长的绳子每隔0.2米拴1个正好。现在她不小心用剪刀剪坏了一个，重新折的话又没有多余的塑料膜了。现在还要求0.2米拴1个，绳子不能剩。请问：小柔该怎么拴？

261 文具的价格

2支圆珠笔和一块橡皮是3元钱；4支钢笔和一块橡皮是2元钱；3支铅笔和1支钢笔再加上一块橡皮是1.4元。请问：每种文具各一种加在一起是多少钱？

如何摆麦袋 262

下图中9袋小麦的摆法是两边各一袋，然后各两袋，中间有三袋。如果我们以左边第一只麦袋上的数字7，乘以邻近的两只麦袋上的28，得196，正好等于中间三袋上的数。但是右边的5乘以34并不得196。现在请重新摆放这9只麦袋，使得最边上的麦袋上的数字，乘以相邻的两只麦袋上的数，都等于中间三袋上的数。请问：至少需要移动几个麦袋？该怎样移呢？

7 28 196 34 5

263 共有多少只蜜蜂

一只蜜蜂外出采花粉，发现一处蜜源，它立刻回巢招来10个同伴，可还是弄不完。于是每只蜜蜂回去各找来10只蜜蜂，大家再采，还是剩下很多。于是蜜蜂们又回去叫同伴，每只蜜蜂又叫来10个同伴，但仍然采不完。蜜蜂们再回去，每只蜜蜂又叫来10个同伴。这一次，终于把这一片蜜源采完了。

你知道采这块蜜源的蜜蜂一共有多少只吗？

264 水多还是白酒多

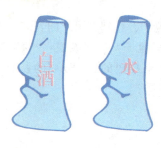

桌子上放着同样大小的两个瓶子，一瓶装着白酒，一瓶装着水，两个瓶子里的液体一样多。如果用小勺从第一个瓶子中取出一勺白酒，倒入第二个瓶子中，搅匀后，再从第二个瓶子中取一勺混合液，倒回第一个瓶子中。那么这时是白酒中的水多呢，还是水中的白酒多呢？

265 买鸡卖鸡赚了多少钱

一个人从市场上花8元钱买了只鸡，买了之后想想不合算，9元钱卖了。卖掉之后突然又嘴馋，于是花10元买了回来。回家一看家里有鸡，于是11元又卖掉了。这个人赚了多少钱？

换啤酒 266

5个空瓶可以换1瓶啤酒，一个酒鬼一星期内喝了161瓶啤酒，其中有一些是用喝剩下来的空瓶换的。请问：他至少买了多少瓶啤酒？

267 如何称糖

有一个两臂不一样长却处于平衡状态的天平，给你2个500克的砝码，如何称出1千克的糖？

猎人的收获 268

有一天，猎人出去打兔子，直到天黑才回到家。他的妻子问："你今天打了几只兔子？"猎人说："打了6只没头的，8只半个的，9只没有尾巴的。"聪明的妻子马上就明白他打了几只。你知道吗？

269 守财奴的遗嘱

一个守财奴生前积累了很多的金条，可他到临死的时候也舍不得分给儿子们。为此，他写了一份难解的遗嘱，要是解开了这个遗嘱，就把金条分给他们，要是没有解

开，金条就永远被藏在无人知晓的地方。他的遗嘱是这样写的：我所有的金条，分给长子1根又余数的1/7，分给次子2根又余数的1/7，分给第三个儿子3根又余数的1/7……以此类推，一直到不需要切割地分完。聪明的读者，你能算出守财奴一共有多少根金条，多少个儿子吗？

270 难解的债务关系

甲、乙、丙、丁4人是好朋友。有一天，甲因为要办点事情，就向乙借了10元钱，乙正好也要花钱，就向丙借了20元钱，而丙自己的储蓄实际上也并不多，就向丁借了30元钱。而丁刚好在甲家附近买书，就去找甲借了40元钱。

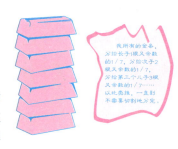

恰巧有一天，4人决定一起出去逛街，乘机也将欠款一一结清。请问：他们4人该怎么做才能动用最少的钱来解决问题呢？

 271 列算式

请你按照9，8，7，6，5，4，3，2，1的顺序，在这9个数字的每两个数字之间适当地添加上＋、－、×、÷等运算符号，列出一道算式，使其答案都等于100。

$$9\ 8\ 7\ 6\ 5\ 4\ 3\ 2\ 1 = 100$$

272 和尚分馒头

100个和尚分100个馒头，正好分完。如果老和尚一人分3个，小和尚3人分一个，试问大、小和尚各有多少人？

273 运动服上的号码

小小参加学校的运动会，他的运动服上的号码是个四位数。一次，同桌倒立着看小小的号码时，发现变成了另外的四位数，比原来的号码要多"7875"。你知道小小的运动服上的号码是多少吗？

等于100 274

①请在1，2，3，4，5，6，7，8，9之间添上7个"＋"和1个"×"，使其和为100。

$$1\ 2\ 3\ 4\ 5\ 6\ 7\ 8\ 9 = 100$$

②在1，2，3，4，5，6，7，8，9中插入加减号共3个，使其和为100。

$$1\ 2\ 3\ 4\ 5\ 6\ 7\ 8\ 9 = 100$$

老钟 275

有一台老钟，每小时慢4分钟，3点以前和一只走得很准的手表对过时，现在这只表正好指在12点。请问：老钟还需走多少分钟才能指在12点？为什么？

276 什么时候相遇

在一个赛马场里，A马1分钟可以跑2圈，B马1分钟可以跑3圈，C马1分钟可以跑4圈。

请问：如果这3匹马同时从起跑线上出发，几分钟后，它们又相遇在起跑线上？

1 = 5 5 5 5

2 = 5 5 5 5

3 = 5 5 5 5

4 = 5 5 5 5

5 = 5 5 5 5

6 = 5 5 5 5

关于"5"的创意算式 277

左面有4个数字"5"，你能写出4个数字"5"组成的得数是1～6的算式吗？

注：＋、－、×、÷和( )均可以用。

问题时间表 **278**

妈妈每天都催促亮亮要抓紧时间学习，亮亮却辩解说他一年之中几乎没有时间学习。妈妈疑惑地问他怎么没有时间学习？亮亮就给妈妈列出这样一个表：

睡觉（一天8小时）	122天
双休日	104天
暑假	60天
用餐（一天3小时）	45天
娱乐（一天2小时）	30天
总计	361天

一年中，剩下的4天还没有把他生病的假期算进去，所以他没有时间学习。妈妈看他这样计算觉得也有道理。事实上，亮亮是做了手脚的。你发现亮亮在哪里做了手脚吗？

279 答案为1

在右面的数字中挑选出5个数字进行运算，得出的答案为1。请你找出这5个数，并说明按什么顺序运算？

+190	×12	−999	× 4
−87	+ 29	× 9	−576
−94	+ 65	× 22	−435
×7	× 8	+19	+117

冷饮花了多少钱 **280**

一个人在饭店吃中午饭，再加冷饮，共付6元，饭钱比冷饮多5元。请问：冷饮花了多少钱？

```
1  2  3   =1
1 2 3 4=1
1 2 3 4 5=1
1 2 3 4 5 6=1
1 2 3 4 5 6 7=1
1 2 3 4 5 6 7 8=1
```

神奇的数字 **281**

请在左面的式子中添上＋、－、×、÷及( )，使得等式成立。

282 多少岁

一个人在公元前10年出生，在公元10年的生日前一天死去。

请问：这个人去世时是多少岁？

283 惨烈的尖叫

一天夜里，邻居听到一声惨烈的尖叫。早上醒来发现原来昨晚的尖叫是受害者的最后一声。负责调查的警察向邻居们了解案件发生的确切时间。一位邻居说是12:08分，另一位老太太说是11:40分，对面杂货店的老板说他清楚地记得是12:15分，还有一位绅士说是11:53分。但这4个人的表都不准确，在这些人的手表里，一个慢25分钟，一个快10分钟，还有一个快3分钟，最后一个慢12分钟。聪明的你能帮警察确定作案时间吗？

284 找到隐藏的数

下列数字中隐藏着两个数，其中一个是另一个的两倍，两个数相加的和为10743。这两个数是什么？

285 阿凡提为什么不害怕

有一次，财主把阿凡提抓了起来，他把阿凡提绑在水池的柱子上，然后又在水面上放了很多大冰块。这时，水面正好淹到阿凡提的脖子，财主想等到冰块融化了后淹死阿凡提，但阿凡提却丝毫不害怕。你知道，冰块融化了之后水面会上升多高吗？

牛奶有多重 286

大龙买了一大瓶牛奶，他不知道牛奶重多少，但知道连瓶子共有3.5千克。现在，他喝掉了一半牛奶，连瓶子还有2千克。你知道瓶子有多重？牛奶又有多重吗？

287 山羊吃白菜

如果3只山羊在6分钟内吃掉3棵大白菜，那么一只半的山羊吃掉一棵半的白菜需要多长时间？

288 如何胜券在握

3个人面临着一场决斗。他们站着的位置正好构成了一个三角形。其中被称为"枪神"的人百发百中；被称为"枪怪"的人3枪能命中2枪；莱特枪法最差，只能保证3枪命中1枪。现在3人要轮流射击，莱特先开枪，"枪神"最后开枪。如果你是莱特，怎样做才能胜算最大呢？

289 玻璃瓶里的弹珠

一个玻璃瓶里一共装有44个弹珠，其中：白色的2个，红色的3个，绿色的4个，蓝色的5个，黄色的6个，棕色的7个，黑色的8个，紫色的9个。

如果要求每次从中取出1个弹珠，从而得到2个相同颜色的弹珠，请问最多需要取几次？

290 紧急情报

气象部门观察发现，在半个月后将有飓风袭击澳大利亚北部城市。现在气象台成员只有一个办法——步行翻越一座高山将情报传递给南部。而每个人翻越高山的时间都是12天，每个人最多只能带8天的粮食。假设每个人的饭量相同，所带的食物也一样，请问：最少需要几个人才能完成任务？

291 分橘子

甲、乙、丙三家约定9天之内各打扫3天楼
梯。由于丙家有事，没能打扫，楼梯就由甲、乙两
家打扫，这样甲家打扫了5天，乙家打扫了4天。丙回来以后就以9千克橘子表
示感谢。

请问：丙该怎样按照甲、乙两家的劳动成果分配这9千克橘子呢？

镜子的游戏 292

有4个数字（两组）在镜子里面看顺序
相反，它们两者之间的差均等于63。
请问：这两组数字分别是什么？

3位不会游泳的人 293

有3个人必须过河到对岸，但河上没有桥。
河上有两个孩子正在划着一只小船想帮助他们。
可是船太小了，一次只能搭一个人，如再加上一
个孩子船就会沉下去，而岸上的3个人都不会游
泳。请问：他们要怎么做才能让所有人都顺利到
达对岸呢？

值多少 294

如果7只企鹅=2头猪，1只企鹅+1只鸟=1
匹马，1头猪+1只鸟=1条狗， 2头猪+5只企
鹅=2条狗，4匹马+3条狗=2只鸟+8头猪+3只
企鹅，已知企鹅的值为2，那么狗、马、鸟
和猪的值分别为多少？

和为99

把9，8，7，6，5，4，3，2，1九个数按顺序用加号连起来，使和等于99。（数字可以连用）

属相与概率

假设每个人的出生在各属相上的概率相等，那么至少要在几个人以上的群体中，两个人出生在同一个属相上的概率，要高于每个人的属相都不同的概率？

297

1，6，2的3张卡片，请你变换一下它们的位置，使它们变成刚好能被43除尽的一个3位数。

卡片游戏

聪明律师的难题 **298**

古希腊一位寡妇要把她丈夫遗留下来的3500元遗产同她即将生产的孩子一起分配。如果生的是儿子，那么按照古希腊的法律：母亲应分得儿子份额的一半，如果生的是女儿，母亲就应分得女儿份额的两倍。可是如果生的是一对双胞胎——一男一女呢？遗产又该怎么分呢？这个问题把聪明的律师给难倒了。聪明的你知道遗产该怎么分吗？

299 小猫跑了多远

　　同同和苏苏一起出去玩，苏苏带了一只小猫先出发，10分钟后同同才出发。同同刚一出门，小猫就向他跑过来，到了同同身边后马上又返回到苏苏那里，就这么往返地跑着。如果小猫每分钟跑500米，同同每分钟跑200米，苏苏每分钟跑100米的话，那么从同同出门一直到追上苏苏的这段时间里，小猫一共跑了多少米？

著名作家的生卒年 300

　　19世纪有一位著名的作家出生在英国，同样他又死于19世纪。他诞生的年份和逝世的年份都是由4个相同的数字组成，但排列的位置不同。他诞生的那一年，4个数字之和是14；他逝世那一年的数字的十位数是个位数的4倍。

　　请问：该作家生于何年，死于何年？

301 电话号码

　　壮壮所在的城市的电话号码是四位。一次他搬了新家，得到了一个非常不错的电话号码。这个电话号码很好记：新号码正好是原来号码的四倍；原来的号码从后面倒着写正好是新的号码。

　　现在，你能够推测出他的新电话号码吗？

302 古董商的交易

有一位古董商收购了两枚古钱币，后来又以每枚60元的价格出售了这两枚古钱币。其中的一枚赚了20%，另一枚赔了20%。请问：和他当初收购这两枚古钱币相比，这位古董商是赚是赔，还是持平？

303 剧院的座位安排

有个剧院在上演精彩节目，刚好120个座位全坐满了观众，而全部入场费刚好为120元。剧院的入场费收取办法是：男子每人5元，女子每人2元，小孩子则每人1角。那么，你可以据此算出男、女、小孩各有多少人吗？

304 失算的老师

10个同学来到教室，为座位问题争论不休。有的人说，按年龄大小就座；有的人说，按学习好坏就座；还有人要求按个子高矮就座。

老师对他们说："孩子们，你们最好停止争论，任意就座。"

这10个同学随便坐了下来，老师继续说道："请记下你们现在就座的次序，明天来上课时，再按新的次序就座；后天再按新的次序就座，反正每次来时都按新的次序，直到每个人把所有的位子都坐过为止。如果你们再坐在现在所安排的位子上，我将给你们放假一年。"

请你算算看，老师隔多少日子才给他们放假一年呢？

天平称重 305

现有1克、2克、4克、8克、16克的砝码各一个。称重时，砝码只能放在天平的一端，用这5个砝码组合可以称出几种不同的重量？

306 不会算数的顾客

一位顾客想寄很多封信。于是他递给邮局卖邮票的职员一张1元的人民币，说道："我要一些2分的邮票和10倍数量的1分的邮票，剩下的全要5分的。"这位职员一听懵了，他要怎样做才能满足这个不会算数的伤脑筋的顾客的要求呢？

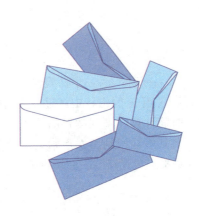

307 自作聪明的盗贼

一个被警察追踪多年的盗贼突然有一天前来自首。他声称他偷来的100块法老壁画被他的25个手下偷走了。这些人中最少的偷走1块，最多的偷了9块。而这25人各自偷了多少块壁画，他说他也记不清了，但可以肯定的是，他们偷走的壁画是单数，不是双数。他为警方提供了这25个人的名字，条件是不能判他的刑。警察答应了。但当天下午，警长就下令将自首的盗贼抓获。猜猜为什么？

308 烟鬼戒烟

史密斯先生的烟瘾很大，最近医生发出最后通告：如果他再不把烟戒掉，他的肺部就会穿孔。史密斯先生思考了一分钟，说："我抽完剩下的7支烟就再也不抽了。"不过，史密斯先生的抽烟习惯是，每支香烟只抽1/3，然后用某种透明胶把3个烟蒂接成一支新的香烟。

请问：在史密斯先生戒烟之前，他还能抽多少支香烟？

"鬼迷路" 309

一天晚上，3个探险家为了抄近路，决定从宽4千米的山谷中穿过。他们走了很久，按时间计算应该到达目的地了，但每次总是莫名其妙地回到出发点附近。这就是人们经常说的"鬼迷路"。你知道是怎么回事吗？

310 最简单的算式

请你用5个1和5个3组成两道最简单的算式，使其答案都等于100。

311 匪夷所思的数

有这样一个数，它乘以5后加6，得出的和再乘以4，后加9，然后再乘以5得出的结果减去165，把结果的最后两位数遮住就回到了最初的数。你知道这个数是多少吗？

$$[（？×5+6）×4+9]×5-165=？$$

 只收半价

有一位姑娘到一家新开张的布店里要买两匹布，她精心挑了两匹布后问多少钱？店铺的伙计说："姑娘真是好眼光，今天是本店的开张吉日，只收半价。"姑娘一听就说："既然是半价，那我买你两匹布再把一匹布折合成一半的价钱还给你。这样咱们就两清了。"

如果你是这位伙计，你会答应这笔买卖吗？

 4个4

用4个"4"列出得数为1，2，3，4，5的5个算式。

$$
\begin{aligned}
4 \quad 4 \quad 4 \quad 4 &= 1 \\
4 \quad 4 \quad 4 \quad 4 &= 2 \\
4 \quad 4 \quad 4 \quad 4 &= 3 \\
4 \quad 4 \quad 4 \quad 4 &= 4 \\
4 \quad 4 \quad 4 \quad 4 &= 5
\end{aligned}
$$

风吹蜡烛

停电了，小寒点燃了8根蜡烛，但外面有一阵风吹来，有3根被风吹灭了。过了一会儿，又有2根被风吹灭了。为了防止蜡烛再被吹灭，小寒赶紧关上了窗户，之后，蜡烛就没再被吹灭过。

你知道最后还能剩下几根蜡烛吗？

 鸡兔各有几只

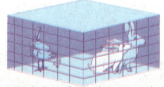

若干只鸡兔被关在同一个笼里，笼里有鸡头、兔头共36只，有鸡脚、兔脚共100只，问鸡兔各有几只？

出去多长时间 316

　　小丽在6点多一点出去了，这时分针和时针为110度角，在不到7点时回来，此时分针和时针刚好又成110度角。

　　请问：小丽出去多长时间？

好客的花花 317

　　星期天，花花家来了很多客人。花花就把自己藏了很久的棉花糖拿出来给大家分享。如果每人分5颗那还少3颗，如果每人分4颗就还剩3颗。你知道花花家来了多少个客人，自己有多少颗糖吗？

318 分糖果

　　3个小女孩一共有770颗糖果，她们打算如往常那样，根据她们年龄的大小按比例进行分配。以往，当二姐拿4颗糖果时，大姐拿3颗；当二姐得到6颗时，小妹可以拿7颗。你知道每个女孩可以分到多少颗糖果吗？

谁胜谁负

和你的朋友交替说出1到10中自己喜欢的数，把每次你和朋友说的数相加，最后再求出总和。总和达到或者超过100的就算输。

仔细思考一下，想想你该怎么做才能取胜。

320 用多少时间

如果挖1米长、1米宽、1米深的池子需要12个人干2小时。那么6个人挖一个长、宽、深是它两倍的池子需要多少时间？

321 各有多少条鱼

小安家的鱼缸里养了很多热带鱼，其中有五彩神仙鱼、虎皮鱼。现在知道两种鱼的数目相乘的积数在镜子里一照，正好是两种鱼的总和。你能算出两种鱼各是多少条吗？

322 "8"的奥秘

将6个8组成若干个数，使其相乘和相加后等于800，你该如何排？

323 超标的药丸

某制药厂最近新生产了一批感冒药，每100粒装在一个瓶子里，6个瓶子为一箱。在推向市场之前，制药厂必须把这些药丸送到药物质检局检验。一天，制药厂收到紧急通知：某箱药丸里，有几个瓶子里的药丸超重1毫克。

如果每一瓶都取出一粒药丸来称量，那么需要一共称量6次才能得出结果，能不能想出一个最好的办法称一次就能把问题解决呢？

最大的整数 324

如果＋、－、×、÷分别只能使用一次，那么，这几个数字中间分别应添什么符号，才能使下面这个算式得出最大的整数？

注：可以使用一次小括号。

$$4 \quad 2 \quad 5 \quad 4 \quad 9 \quad =$$

325 花最少的钱去考察

赤道上有A、B两个城市，它们正好位于地球上相对的位置。分别住在这两个城市的甲、乙两位科学家每年都要去南极考察一次，但飞机票实在是太贵了。围绕地球一周需要1000美元，绕半周需要800美元，绕1/4周需要500美元，按照常理，他们每年都要分别买一张绕地球1/4周的往返机票，一共要1000美元，但是他们俩却想出一条妙计，两人都没花那么多的钱。你猜他们是怎么做的？

326 秘密行动

　　国家情报局接到通知：一辆时速为60千米
的火车上装满了炸药准备驶向首都。为阻止这一恐
怖活动，国家情报局决定派本杰伦在火车必须通过的
长为500米的隧道中，装上黄色远程遥控炸弹。由于火车
通过隧道的时间仅30秒，于是本杰伦把遥控定时装置设置为
"30"，只要火车一进隧道，就会触发装置计数，30秒后炸药自
动爆炸。但是当火车呼啸而来进入隧道，高强度炸药在铁轨上准时爆炸后，
火车仍然在失去铁轨的路面上继续疯狂前行，最后在树林里停了下来，随之
引起了一场大火。消息传到国家情报局后，上司以指挥失误为由处分了本杰
伦。你知道本杰伦错在哪个地方吗？

327 会遇到几艘客轮

　　每天上午，一家公司的客轮从香港出发开往费
城，并在每天这一时间都有该公司的一艘客轮从费
城开往香港。客轮走一个单程需要 7 天 7 夜。请问：今天上午从香港开出的
客轮，将会遇到几艘从对面开来的同一个公司的客轮？

328 坐哪一辆车

　　婷婷每天都乘坐公共汽车上学。
离婷婷家门不远处，有一个公共汽车
站。汽车和电车都是每隔10分钟就来
一次，票价也一样，只是汽车开过之
后，隔2分钟电车才来，再过5分钟下
一趟汽车又开过来。
　　根据以上信息，你认为婷婷坐哪
一辆车更省事更划算？

329 撕日历

连着撕9张日历，日期数相加是54。请问：撕的第一张是几号？最后一张是几号？

330 叠纸游戏

有一位疯狂的艺术家为了寻找灵感，把一张厚为0.1毫米的很大的纸对半撕开，重叠起来，然后再撕成两半叠起来。假设他如此重复这一过程25次，这叠纸会有多厚？

A 像山一样高　　　C 像一栋房子一样高
B 像一个人一样高　D 像一本书那么厚

331 猜年龄的秘诀

这里有一个猜年龄的秘诀。

魔术师有一个魔力式子，这个式子通常会把人的出生月日和年龄泄露出去，这对于那些年龄比较大的女士来说是一个致命的伤害，她们特别憎恨魔术师。

这位魔术师的式子如下：

(出生月日) × 10＋20 × 10＋165＋(你的年龄)=？

把你的出生月日和年龄对号入座地填入上面这个式子(千万不要给魔术师看到)，然后将最后的数字告诉给魔术师，他就知道你的年龄是多少。

你知道秘诀在哪里吗？

332 几个酒徒比酒量

一群酒徒聚在一起要比酒量。先上一瓶，各人平分。这酒真厉害，一瓶喝下来，当场就倒了几个。于是再来一瓶，在余下的人中平分，结果又有人倒下。现在能坚持的人虽已很少，但总要决出个雌雄来。于是又来一瓶，还是平分。这下总算有了结果，全倒了。只听见最后倒下的酒徒中有人咕哝道："嗨，我正好喝了一瓶。"

你知道一共有多少个酒徒在一起比酒量吗？

333 胡夫金字塔有多高

埃及金字塔是世界七大奇迹之一，其中最高的是胡夫金字塔，它的神秘和壮观倾倒了无数人。它的底边长230.6米，由230万块重达2.5吨的巨石堆砌而成。金字塔塔身是斜的，即使有人爬到塔顶上去，也无法测量其高度。后来有一个数学家解决了这个难题，你知道他是怎么做的吗？

334 钱币没收一半

在古代欧洲某个地方有这样一个规定：商人带钱每经过一个关口，就要被没收一半的钱币，再退还一个。有一个商人，在经过10个关口之后，只剩下两个钱币了，你知道这个商人最初共有多少个钱币吗？

335 消失的1元钱

3个人住宿时，每人10元，将30元交给服务员后，再交到会计那里去。会计给打了个折找回5元。服务员中间私吞了2元，只还给他们3元。

3人分3元，每人退回1元，合计每人付了9元，加在一起共27元，再加上服务员私吞的2元，一共29元。怎么也与付账的钱对不上？

哪里出了问题呢？

两个农妇卖鸡蛋 336

两个农妇共带100个鸡蛋去卖。一个带的多，一个带的少，但卖了同样的钱。一个农妇对另一个说："如果我有你那么多的鸡蛋，我能卖15元。"另一个说："如果我只有你那么多鸡蛋，只能卖6元。"

你知道两人各带了多少鸡蛋吗？

337 巧妙分马

有一个拥有24匹马的商人，给3个儿子留下"传给长子1/2，传给次子1/3，传给幼子1/8"的遗言后就死了。但是，在这一天有1匹马也死掉了。这23匹马用2，3，8都无法除开，总不能把一匹马分成两半吧，这真是个难题。你知道应该怎样解决吗？

338 抢报30

蓬蓬和亨亨玩一种叫"抢30"的游戏。游戏规则很简单：两个人轮流报数，第一个人从1开始，按顺序报数，他可以只报1，也可以报1，2。第二个人接着第一个人报的数再报下去，但最多也只能报两个数，却不能一个数都不报。例如，第一个人报的是1，第二个人可报2，也可报2，3；若第一个人报了1，2，则第二个人可报3，也可报3，4。接下来仍由第一个人接着报，如此轮流下去，谁先报到30谁胜。

蓬蓬很大度，每次都让亨亨先报，但每次都是蓬蓬胜。亨亨觉得其中肯定有猫儿腻，于是坚持要蓬蓬先报，结果几乎每次还是蓬蓬胜。

你知道蓬蓬必胜的策略是什么吗？

多少架飞机 339

一家工厂4名工人每天工作4小时，每4天可以生产4架模型飞机，那么8名工人每天工作8小时，8天能生产几架模型飞机呢？

340 遗书分牛

一农场主在遗书中写道：妻子分全部牛半数加半头，长子分剩下牛半数加半头，次子分再剩下牛半数加半头，幼子分最后剩下牛半数加半头。结果一头牛没杀，一头牛没剩，正好分完。农夫留下多少头牛？

341 鸡生蛋

5只鸡5天一共生5个蛋，50天内需要50个蛋，需要多少只鸡？

分米 342

有两个合伙卖米的商人，要把剩下的10千克米平分。他们手中没有秤，只有一个能装10千克米的袋子，一个能装7千克米的桶和一个能装3千克米的脸盆。请问：他们该怎么平分10千克米呢？

母子的年龄 343

华华的妈妈今年比华华大26岁，4年后妈妈的年龄是华华的3倍。请问：华华和妈妈今年各几岁？

344 猫追老鼠

有一只猫发现离它10步远的前方有一只奔跑着的老鼠，便马上紧追。猫的步子大，它跑5步的路程，老鼠要跑9步。但是老鼠的动作快，猫跑2步的时间，老鼠能跑3步。

请问：按照现在的速度，猫能追上老鼠吗？如果能追上，它要跑多少路程才能追上老鼠？

345 数学家的年龄

一位数学家的墓碑上刻着这样一段话："过路人，这是我一生的经历，有兴趣的可以算一算我的年龄：我的生命前1/7是快乐的童年，过完童年，我花了1/4的生命钻研学问。在这之后，我结了婚。婚后5年，我有了一个儿子，感到非常幸福。可惜我的孩子在世上的光阴只有我的一半。儿子死后，我在忧伤中度过了4年，也跟着结束了我的一生。"

根据墓碑上所刻的信息，你能计算出他的年龄吗？

346 和与差

随意说出2个数字来，你能迅速算出它们的和减去它们的差的结果吗？
比如，125和43，310和56。

347 损失了多少财物

顾客拿了一张百元钞票到商店买了25元的商品，老板由于手头没有零钱，便拿这张百元钞票到朋友那里换了100元零钱，并找了顾客75元零钱。

顾客拿着25元的商品和75元零钱走了。过了一会儿，朋友找到商店老板，说他刚才拿来换零钱的百元钞票是假钞。商店老板仔细一看，果然是假钞，只好又拿了一张真的百元钞票给朋友。

你知道，在整个过程中，商店老板一共损失了多少财物吗？

注：商品以出售价格计算。

348 乒乓球比赛

学校要举行乒乓球比赛，最初报名参加的有25人，后来又有3人报名参加。如果没有平局的出现，总共要举行多少场比赛？

摸黑装信 349

当当有4位好朋友，他们之间经常用书信联系，感情非常亲密。

有一天晚上，当当分别给4位朋友写信。他刚写好信正准备分装的时候，突然停电了。当当摸黑把信纸装进信封里，因为要赶着明天寄出去。妈妈说他这样摸黑装信会出错，当当说最多只有一封信装错。

你觉得当当说得正确吗？

350 奇怪的三位数

有一个奇怪的三位数，减去7后正好被7除尽；减去8后正好被8除尽；减去9后正好被9除尽。你猜猜这个三位数是多少？

思维算式 351

老师黑板上写了1～9个阿拉伯数字，要求用这9个数字组成三个算式，每个数字只能用一次，而且只允许用加号和乘号。你能列出来吗？

第七部分

图形思维游戏

　　图形在我们的学习和生活中经常见到，圆形的房子、正方形的窗户、矩形的高楼……它们就像魔方一样，向你展示出无穷的魅力。

　　本章通过旋转、填补、切割等方式，全面开发你的图形思维能力。一起来吧！

数字方阵 352

用2，3，4三个数字，填进方阵的9个方格，让每一行和每一列的总和都相等。

353 让错误的等式变正确

62-63=1是个错误的等式，能不能移动一个数字使得等式成立？移动一个符号让等式成立又应该怎样移呢？

354 移杯子的学问

有10只杯子，前面5只装有水，后面5只没有装水。移动4只杯子可以将盛水的杯子和空杯相间，现在只移动2只杯子也要使其相间，你可以做到吗？

表格中的奥妙 355

表格中的数字有一定的摆放规律。请你找出规律，并求出A、B、C的值。

356 形状特异的生日蛋糕

童童过生日，舅舅送来一个形状特异的生日蛋糕。恰巧家里来了8位客人，请问：童童该怎么切才能让客人分到相同形状的蛋糕？

357 切蛋糕

今天是婷婷的生日。姑姑送给她一个大蛋糕，婷婷特别高兴。但是姑姑给她出了一个难题：切1刀可以把蛋糕切成2块，第2刀与第1刀相交切可以切成4块，第3刀最多可以切成7块（如左图）。问经过6次这样呈直线的切割，最多可以把蛋糕切成多少块？你知道吗？

数字城堡 358

在左面这个数字城堡中填入1～16这些数字，使城堡中横、竖、对角线、中间4个数以及角上4个数之和均为34，并且每个数字只能出现一次。你能做到吗？

经典的几何分割问题 359

这是一道经典的几何分割问题。

请将这个图形分成四等份，并且每等份都必须是现在图形的缩小版。

一只独特的靶子

射击场上有一只独特的靶子，上面用数字标好了每环的分数，如右图。请问：假如你是射击手，你一共需要射多少支箭才能使总分正好等于100分？

 翻转梯形

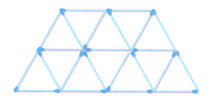

右图是由23根火柴摆成的含有12个小三角形的梯形，最少移动几根，可以让它倒转过来呢？

 面积比

在一个正三角形中内接一个圆，圆内又内接一个正三角形。请问：外面的大三角形和里面的小三角形的面积比是多少？

半个柠檬

多多把柠檬总数的一半加半个放在屋子的东面，把剩下的一半加半个的1/2放在屋子的西面，另一个被藏在冰箱上面，不过柠檬的总数少于9个。请问多多一共有多少个柠檬？

注意：柠檬不能切成半个。

364 字母算式

右图是一个字母算式。目前只知道B比C小两倍，而且都不等于0，那么A、B和C的数值分别是多少？

$$
\begin{array}{r}
A\ B\ A \\
+\ A\ A\ B \\
\hline
B\ A\ C
\end{array}
$$

商店的最佳位置 365

在铁路沿线的同一侧有100户居民，根据居民的要求要建一家商店，并使100户居民到商店的距离之和最小。你知道商店的位置应该建在哪里吗？

366 体积会增加多少

冰融化成水后，它的体积减少1/12，那么当水再结成冰后，它的体积会增加多少呢？

367 半盒子鸡蛋

往一只盒子里放鸡蛋，假定盒子里的鸡蛋数目每分钟增加一倍，一小时后，盒子满了。请问：在什么时候是半盒子鸡蛋？

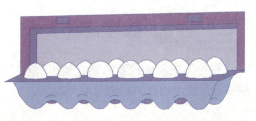

368 足球

请问：一个标准的足球有多少个正五角形、多少个正六角形？先不要数。

怪老头的玩意 369

小区门口有一位老头经常坐在一个刻有16个小方格的桌子旁，桌子上面放了10个棋子。他每天都拿着棋子在桌子上移来移去。有一天，有人问他在干什么，他说他在尝试用10个棋子摆出最多的偶数行，即横排、竖排和斜排上的棋子都是偶数。路人一听完，两三下就排出了16行，并且自称偶数行是最多的。你知道他是如何摆放棋子的吗？

标点的妙用 370

标点不仅仅应用在写作中，正确使用标点符号对解数学题也有很大帮助。下面是一道没有标点的古代数学题，你能正确标出标点，然后计算出来吗？

"三角几何共计九角三角三角几何几何"

371 数字乐园

将右图中的空白填准确，使得每行、每列和对角线上的数字相加都等于27。

372 交换时针和分针

如果时针和分针交换，它还能表示同一时刻的时间吗？

373 玩具的总价

每种玩具都有一个价格，图中的数字表示该行和列所示的和，你能把未知的总价算出来吗？

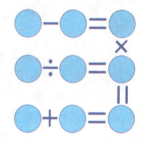

374 圆圈里填数字

图中9个圆圈组成四个等式，其中三个是横式，一个是竖式。你知道如何在这9个圆圈中填入1～9九个数字，使得这4个等式都成立吗？注意：1～9这九个数字，每个必须填一次，即不允许一个数字填两次。

月月家里来了11位同学。月月的爸爸想用苹果来招待这12位小朋友，可是家里只有7个苹果。怎么办呢？不分给谁也不好，应该每个人都有份。那就只好把苹果切开了，可是又不好切成碎块，月月的爸爸希望每个苹果最多切成4块。

应该怎么分苹果才合理呢？

巧分苹果 375

376 数字组合

从右边的数字中随便找出3个数字组成一个号码，但其中任意2个数字不能来自同一行或同一列。判断哪组号码能被3除尽。这样选择的号码无法被3除尽的可能性有多少？

377 面积缩小一半

用12根火柴棒可以摆成一个直角三角形。现在只需要移动其中的4根火柴棒就可以把三角形的面积缩小一半。想想该怎么摆？一共有几种摆法？

378 乌龟和青蛙的赛跑

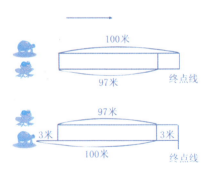

乌龟大哥自从和兔子赛跑输了以后，就发誓再也不和兔子比赛了，改和青蛙进行100米比赛。结果，乌龟以3米之差取胜，也就是说，乌龟到达终点时，青蛙才跑了97米。青蛙有点不服气，要求再比赛一次。这一次乌龟从起点线后退3米开始起跑。假设第二次比赛两人的速度保持不变，谁赢了第二次比赛？

379 最大的数

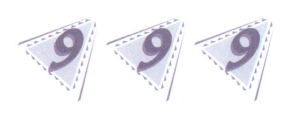

用3个9所能写出的最大的数是多少？

380 排队

问：10个人要站成5排，每排要有4个人，怎么站？

一天，某军总司令部截获一份秘密情报。经过初步破译得知，下月初，敌军的三个师团将兵分东西两路再次发动进攻。在东路集结的部队人数为"ETWQ"，从西路进攻的部队人数为"FEFQ"，东西两路总兵力为"AWQQQ"，但到底是多少却无从得知。后来，苦思不得其解的密码竟然被一位数学老师破译了。你知道数学老师是怎么破译的吗？

破译密码 381

ETWQ	FEFQ	AWQQQ
东路部队	西路部队	东西两路总兵力

5个鸭梨6个人吃 382

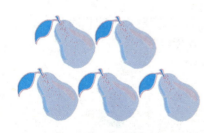

蕾蕾家里来了5位同学。蕾蕾想用鸭梨来招待他们，可是家里只有5个鸭梨，怎么办呢？谁少分一份都不好，应该每个人都有份（蕾蕾也想尝尝鸭梨的味道）。那就只好把鸭梨切开了，可是又不好切成碎块，蕾蕾希望每个鸭梨最多切成3块。于是，这就又面临一个难题：给6个人平均分配5个鸭梨，任何一个鸭梨都不能切成3块以上。蕾蕾想了一会儿就把问题给解决了。你知道她是怎么分的吗？

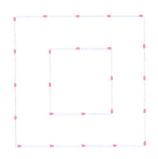

变出3个正方形 383

左图是用24根火柴棒排成的一大一小两个正方形，只能移动其中的4根火柴，使其变成3个正方形。你会吗？

 台阶有多少个

水水和果果在玩跳台阶的游戏，水水每一步跳2个台阶，最后剩下1个台阶；果果每一步跳3个台阶，最后会剩下2个台阶。水水计算了一下，如果每步跳6个台阶，最后剩5个台阶；如果每步跳7个台阶，正好一个不剩。

你知道台阶到底有多少个吗？

猜拳 385

猜拳是一个很有技巧性的游戏。假设规定双方出的相同拳法不能连续出2次，连猜10次决定胜负。你该怎么做才能取胜？

 趣味金字塔

观察金字塔中数字的摆放规律，求A、B、C的值。

第八部分

逻辑思维游戏

　　严谨、有趣的逻辑思维是很多人都缺乏的一种能力，它会让很多头脑"简单"的人在毫无知觉中掉入陷阱。

　　你想让别人也掉陷阱吗？那就来玩玩这些游戏吧！

387 无价之宝

一位在南美洲淘金的老财主不仅淘到了大量的金子，而且淘到了许多钻石。为了向别人炫耀自己的富有，他决定用自己淘到的钻石镶一个世界上绝无仅有的无价之宝。他决定，第一天从保险柜里取出一颗钻石；第二天，取出6颗钻石，镶在第一天那一颗钻石的周围；第三天，在其（如右图）外围再镶一圈钻石，变成了两圈。每过一天，就多了一圈。这样做7天以后，镶成了一个巨大的钻石群。请问，这块无价之宝一共有多少颗钻石？

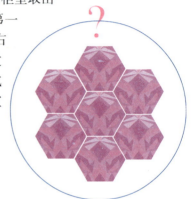

388 分机器人

8个孩子分32个机器人，分法如下：燕妮得到1个机器人，玫利得到2个，培拉3个，米奇4个，男孩凯德·史密斯得到的机器人和他的妹妹一样多，杜米·安德鲁得到的是他妹妹的2倍，比利·琼斯分得的机器人是他妹妹的3倍，洛克·哈文得到的是他妹妹的4倍。请你猜猜上面4个女孩的姓氏。

提示：在西方人名中，如杜米·安德鲁，姓氏居后，即安德鲁。

389·小猫的名字叫什么

在右面的宠物照片中，有6只小猫的照片，它们看起来很相似，但名字是不一样的。

①叫作"咪咪"的是在上面一排里。

②叫作"花花"和"球球"的在同一排里。

③叫作"花花"的(不是D)在"咪咪"的左边。

④"球球"的左边是"B或E"，"黑黑"在中央位置(B或E)。

⑤叫作"忽忽"的在"兰兰"的右侧。

请问：这6只小猫的名字分别叫什么？

390 爱说假话的兔子

有4只兔子，年龄从1~4岁各不相同。它们中有两只说话了，无论谁说话，如果说的是比它大的话都是假话，说的是比它小的话都是真话。兔子甲说："兔子乙3岁。"兔子丙说："兔子甲不是1岁。"

你能知道这4只兔子分别是几岁吗？

391 天平不平

这里有一个天平和13块重量相同的金条。现在在左边离轴心3格的那个秤盘里放了8块金条，在右边离轴心4格的秤盘里放了4块金条，天平不平。已知每个秤盘和金条的重量相同，请你移动1块金条，使天平恢复平衡。想想该怎么移动？

392 3只难以对付的八哥

罗伯特、丽萨、艾米是3只八哥，它们分别来自3个国家。其中来自A国的八哥一直说真话，来自B国的八哥一直说假话，来自C国的八哥特别有意思，它总是先说真话再说假话。

对于这3只难以对付的八哥，饲养员偷偷地录下了他们的对话，请你根据它们的对话分别说出这3只八哥分别来自哪个国家？

罗伯特说："艾米来自C国，我来自A国。"

丽萨说："罗伯特来自B国。"

艾米说："丽萨来自B国。"

轮胎如何换 393

有一个做长途运输的司机要出发了。他用作运输的车是三轮车，轮胎的寿命是2万里，现在他要进行5万里的长途运输，计划用8个轮胎就完成运输任务，怎样才能做到呢？

 餐厅聚会

有7个年轻人，他们是好朋友，每周都要到同一个餐厅吃饭。但是他们去餐厅的次数不同。大力士每天必去，沙沙隔一天去一次，米米每隔两天去一次，玛瑞每隔三天去一次，好好每隔四天才去一次，科特每隔五天才去一次，次数最少的是玛奇，每隔六天才去一次。

昨天是2月29日，他们愉快地在餐厅碰面了，他们有说有笑，憧憬着下一次碰面时的情景。请问：他们下一次相聚餐厅会是在什么时候？

休闲城镇

一个著名的休闲城镇里有一家餐厅、一家百货商场和一家蛋糕店。丁丁到达休闲城镇的那一天，蛋糕店正好开门营业。这个休闲城镇一星期中没有一天餐厅、百货商场和蛋糕店全都开门营业。百货商场每星期开门营业四天，餐厅每星期开门营业五天，星期日和星期三这三家单位都关门休息。在连续的三天中：

第一天，百货商场关门休息；

第二天，蛋糕店关门休息；

第三天，餐厅关门休息。

在连续的三天中：

第一天，蛋糕店关门休息；

第二天，餐厅关门休息；

第三天，百货商场关门休息。

请问：丁丁到达休闲城镇是一星期七天中的哪一天？

百货商场

餐厅

蛋糕店

 互不相通的房间

小明有两个兄弟，他们三兄弟分别住在3个互不相通的房间，每个房间门上都有两把钥匙。

请问：如何安排房间的钥匙才能保证小明三兄弟随时都能进入每个房间？

397 海盗分宝石

5个海盗抢到了100颗同样大小且价值连城的宝石。他们决定这么分：用抽签的办法决定自己的号码(1，2，3，4，5)。

首先，由1号提出分配方案，然后5人进行表决，当且仅当超过半数的人同意时，才能按照他的提案进行分配，否则将被扔入大海喂鲨鱼。

1号死后，再由2号提出分配方案，然后4人进行表决，当且仅当超过半数的人同意时，按照他的提案进行分配，否则像1号一样，他将被扔入大海喂鲨鱼。其他人的分配方法以此类推。

因为每个海盗都是很聪明的人，所以都能很理智地判断得失，做出选择。他们的判断原则是：保命，尽量多得宝石，尽量多杀人。

请问：第一个海盗提出怎样的分配方案才能够使自己的收益最大化？

398 失误的程序员

高先生是一个高级程序员，但是他最近设计的三款机器人却出了一点问题：有一个永远都说实话，有一个永远都说谎话，另一个则有时说实话，有时说谎话。高先生不知道怎么分辨它们，就请高博士为他帮忙。

高博士一看，随口问了3个问题就知道怎么分辨了。他的问题是：

问左边的机器人："谁坐在你旁边？"机器人回答："诚实的家伙。"

问中间的机器人："你是谁？"机器人回答："总是犹豫不决的那位。"

问右边的机器人："坐在你旁边的是谁？"机器人回答："说谎话的家伙。"

根据上面3个问题及其回答，推测它们的身份。

399 环球飞行

某航空公司有一个环球飞行计划，但有下列条件：每个飞机只有一个油箱，飞机之间可以相互加油（没有加油机）；一箱油可供一架飞机绕地球飞半圈。为使至少一架飞机绕地球一圈，至少需要出动几架次飞机（包括绕地球一周的那架在内）？

注意：所有飞机从同一机场起飞，而且必须安全返回机场，不允许中途降落，中间没有飞机场。加油时间忽略不计。

400 一条漂亮的裙子

小新快过生日了，妈妈给她准备了一个生日礼物——一条漂亮的裙子。为了考验一下小新，妈妈将礼物放在下面的两个盒子当中的一个，两个盒子上面分别系有一张纸条。小新一看，就知道礼物在哪个盒子里，你知道吗？

401 谁在撒谎

有5个学生，在接受学校的小记者团采访时说了下面这些话，你来判断他们中有几个人撒了谎。

小艾说："我上课从来不打瞌睡。"

小美说："小艾撒谎了。"

小静说："我考试时从来不舞弊。"

小惠说："小静在撒谎。"

小叶说："小静和小惠都在撒谎。"

402 三口之家

有3户人家合租了一个复式别墅。这3户人家都是三口之家：丈夫、妻子和孩子。他们的名字已在下表中列出来了：

丈夫	老张、老王、老李
妻子	丁香、李平、杜丽
孩子	美美（女）、丹丹（女）、壮壮（男）

现在只知道老张和李平家的孩子都参加了学校的女子篮球队训练；老王的女儿不叫丹丹；老李和杜丽不是一家。你能根据上面的条件说出这每家分别是哪3个人吗？

403 照片上的人

有一个人在上班时间看照片。当有人问这个人在看谁的照片时，这个人回答说："照片上的人的丈夫的母亲，是我丈夫的父亲的妻子的女儿，而我丈夫的母亲只生了他一个孩子。"

请问：这个人在看谁的照片？

问什么问题 404

古代，有A、B两个相邻的国家，A国居民都是诚实的人，B国居民都是骗子。当你问一个问题时，A国居民会告诉你正确的答案，而B国居民给你的答案都是错误的。一天，一个智者独自登上了两国中的某个国家。他分辨不清这个国家是A国还是B国，只知道这个国家的人既有本国的居民又有别国的来客。他想问这里的人"这是A国还是B国"，却又无法判断被问者的答案是否正确。智者动脑筋想了一会儿，终于想出一个办法，他只需要问他所遇到的任意一个人一句话，就能从对方的回答中准确无误地断定这里是哪个国家。

你知道智者所问的是什么问题吗？

坚强的儿子 405

从前，当古罗马城陷入纷乱的时候，有位母亲对想趁着乱世称雄的儿子这么说："如果你正直的话，就会被大众所背叛；但如果你不正直，就会被神遗弃。反正都没有好下场，你就别强出头了。"

这位坚强的儿子不但不放弃，还利用这番话中的盲点说服了他母亲。

你知道他是如何反驳的吗？

406 神秘岛上的规矩

有一位商人到一个盛产美女的神秘岛上想要娶一位妻子。岛上的居民不分男女，可分为：永远说真话的君子；永远撒谎的小人；有时讲真话、有时撒谎的凡夫。商人从甲、乙、丙3人中选一个作妻子。这3个美女中有一个是君子，一个是小人，一个是凡夫，而凡夫是由狐狸变的美女。按照岛上的规定，君子是第一等级，凡夫是第二等级，小人是第三等级。岛上的长老允许商人从3位美女中任选一位，并向她提一个问题，而这个问题只能用"是"或者"不是"来回答问题。

请问：商人应该问一个什么问题才能保证不会娶到由狐狸变的凡夫呢？

407 玩具世界

多多最喜欢买玩具，她的家简直成了一个玩具世界。

在她的玩具中：扔掉两只之后都是狗；扔掉两只之后都是熊猫；扔掉两只之后都是洋娃娃。

请问：多多都有一些什么玩具？

408 他们点的什么菜

阿德里安、布福德和卡特3人常结伴去餐馆吃饭，他们每人要的不是火腿就是猪排。我们已知下列情况：

① 如果阿德里安要的是火腿，那么布福德要的就是猪排。

② 阿德里安或卡特要的是火腿，但是两人不会都要火腿。

③ 布福德和卡特两人不会都要猪排。

你知道谁昨天要的是火腿，今天要的是猪排吗？

409 野炊分工

兄弟4人去野炊，他们一个在挑水，一个在烧水，一个在洗菜，一个在淘米。现在知道：老大不挑水也不淘米；老二不洗菜也不挑水；如果老大不洗菜，那么老四就不挑水；老三既不挑水也不淘米。

你知道他们各自在做什么吗？

410 谁是班长

甲、乙、丙是同班同学，其中一个是班长，一个是学习委员，一个是小组组长。现在已知道：丙比组长年龄大，学习委员比乙年龄小，甲和学习委员不同岁。你知道他们3个人分别担任什么职务吗？

411 年龄的秘密

A、B、C 3人的年龄一直是一个秘密。将A的年龄数字的位置对调一下，就是B的年龄；C的年龄的两倍是A与B两个年龄的差数；而B的年龄是C的10倍。

请问：A、B、C 3人的年龄各是多少？

412 姑娘与魔鬼

月亮宫里住着4个姑娘（光光、木木、乔乔、贝贝）。她们之中的一个人变成了魔鬼(假如叫作木木的女子变成了魔鬼，那么如果她说："我不是木木"的话，要看作是实话)。另外，她们之中有一个人经常撒谎(有可能是变成魔鬼的女子)，其他人都不撒谎。但是大家都不知道谁变成了魔鬼。

有一天，她们的对话被吴刚听到。请根据吴刚的记录说说这4个人的名字分别是什么？是谁变成了魔鬼？

头戴黄色头冠的女子说："我不是贝贝，佩戴蓝色头冠的人是木木。"

头戴白色头冠的女子说："我不是贝贝，头戴黑色头冠的人是乔乔。"

头戴蓝色头冠的女子说："我不是木木。"

头戴黑色头冠的女子说："头戴黄色头冠的女子是光光。"

413 蚂蚁过地下通道

一只蚂蚁在地下通道里爬行，对面又来了一只。由于通道非常狭窄，只能单只通过。幸好，通道一侧有个凹处，刚好能容得下一只蚂蚁，可不巧的是，里面有一个小沙粒，把它移出来后又把通道堵住了，还是无法通行。两只蚂蚁应该怎么做才能都顺利通过呢？

414 骗子村的老实人

刚搬到骗子村的老实人显然还不太习惯骗子村的生活方式。因此，他只有在星期一说谎，其他的日子说的都是真话。

请问：老实人在星期二说的话是什么呢？

415 谁是老实人

甲、乙、丙、丁、戊5个人当中，有2个人是从来不说谎的老实人，但是另外3个人是总说谎的骗子。

下面是他们所说的话：

甲："乙是骗子。"

乙："丙是骗子。"

丙："戊是骗子。"

丁："甲和乙都是骗子。"

戊："甲和丁都是老实人。"

根据以上的对话，请找出老实人是哪两位？

416 扑克牌

龙先生正和他生意上的朋友一起玩扑克牌。龙先生手上拿到了13张牌。黑桃、红桃、梅花、方块这四种图案都至少有一张以上，但是，每种图案的张数都不一样。黑桃跟红桃的张数合计一共是6张。黑桃跟方块的张数合计一共是5张。龙先生手中有一种相同花色的扑克牌是2张。

请问：有2张牌的花色是什么？

417 珠宝公司的刁钻奖励

瑞芳在一家珠宝公司工作，由于她工作积极，所以公司决定奖励她一条金链。这条金链由7个环组成，但是公司规定，每周她只能领一环，而且切割费用由自己负责。

这让瑞芳感到为难，因为每切一个金环，就需要付一次昂贵的费用，再焊接起来还要一笔费用，想想真不划算。聪明的瑞芳想了一会儿之后，发现了一个不错的方法，她不必将金链分开成7个了，只需要从中取出一个金环，就可以每周都领一个金环，她是怎么做到的呢？

418 小花猫搬鱼

小花猫有4只盘子，其中一个盘子里有3条鱼，另外一只盘子里有1条鱼，还有两个盘子没有鱼。小花猫尽力克制住自己想吃的欲望，把鱼集中到一个盘子里一起吃，但是它每次只会从两只盘子里分别拿出一条鱼放到第三个盘子里。

请问：小花猫要搬运几次，才能把所有鱼都集中到一个盘子里面去？

419 死囚

一位法官判处罪犯为死罪，这个人听到消息后非常恐惧。法官下令：从明天开始，到第七天傍晚，必须把这个死囚拖到刑场绞死。但如果在处决他的那一天早晨死囚知道了自己要被处以绞刑，那么这一天就不能处死他。死囚听到这个规定后非常地高兴，认为自己不可能被处死了。你觉得可能吗？

420 一句话定生死

有个国王想处死一个囚犯，他决定让囚犯们自己选择是砍头还是绞刑。选择的方法是：囚犯可以任意说出一句话来，如果是真话，就处绞刑，如果是假话，就砍头。

这个聪明的囚犯来到国王面前问："如果我说出了一句话，你们既不能绞死我，也不能砍我的头，怎么办？"

"如果真是那样的话，我就释放你。"国王说。

这个囚犯说了一句话，果然十分巧妙。国王听了左右为难，但又不能言而无信，只好把这位聪明的囚犯释放了。

你知道聪明的囚犯说了什么话吗？

稳操胜券 421

赌局现在到了最后决出胜负的关键时刻。

蒋老大非常幸运地赢了700根金条，现居第一名。第二名的贾老大稍微落后，赢了500根金条。其余的人都已经输光了。

蒋老大犹豫着，要将手上的筹码押一部分在"偶数"或"奇数"上，赢的话赌金就可以变成两倍。另一边，贾老大已经把所有筹码都押在"三的倍数"上，赢的话赌金可以变成三倍，运气好的话他就可以反败为胜。

请问：蒋老大应该怎么下注才能稳操胜券呢？

3X

奇数 偶数

罪犯 422

有一位银行行长被谋杀了。

警方经过一番努力搜查，将大麻子、小矮子和二流子三个嫌犯带回问讯，他们的供词如下：

大麻子："小矮子没有杀人。"

小矮子："他说的是真的！"

二流子："大麻子在说谎！"

结果是，3人中有人说谎，不过真正的犯人说的倒是实话。

请问：哪一个是杀人犯？

10枚硬币 423

有10枚硬币，甲、乙两人轮流从中取走1枚、2枚或者4枚硬币，谁取最后一枚硬币就算输。请问：该怎么做才能获得胜利？

424　期末考试的成绩

在一次期末考试中，婷婷、亮亮、佳佳、小美分别获得了前四名。成绩公布前，她们作了一次自我估计：

婷婷说："我不可能得到第四名。"

亮亮说："我能得到第二名。"

佳佳说："我比婷婷高一个名次。"

425　带魔法的饰物

有4个女子，其中1人有魔法，她经常撒谎。拉拉和另外两个人是好孩子，她们从不说谎。4个人都系绿色围巾，其中的2条围巾是有魔法的，系上这两种围巾即使是好孩子也会说谎；而且，4个人又都戴着黄色蝴蝶发带，其中的2条发带是有魔法的，它会使魔法围巾的魔法消失。但是，它对有魔法的女子是没有效果的。

蕾蕾说："思思系着有魔法的围巾。"

思思说："平平戴着有魔法的蝴蝶发带。"

平平说："拉拉系着魔法围巾。"

拉拉说："思思是有魔法的女子。"

请问：哪两个人系着魔法围巾，哪两个人戴着魔法发带呢？另外，哪一个是有魔法的女子呢？

426 门铃逻辑

某户人家的门铃声整天在响，令其苦不堪言。于是，他请一位朋友想办法解围。

这位朋友帮他在大门前设计了一排6个按钮，其中只有一个是通门铃的。来访者只要摁错了一个按钮，哪怕是和正确的同时摁，整个电铃系统将立即停止工作。

在大门的按钮旁边，贴有一张告示，上面写着："A在B的左边；B是C右边的第三个；C在D的右边；D紧靠着E；E和A中间隔一个按钮。请摁上面没有提到的那个按钮。"

这6个按钮中，通门铃的按钮处于什么位置？

427 教授的课程

张教授、赵教授、彭教授三人每人分别担任生物、物理、英语、体育、历史和数学6科中两门课程的教学工作。现在，我们知道以下信息：

① 物理教师和体育教师是邻居；

② 张教授在三人中年龄最小；

③ 彭教授、生物教师和体育教师三个人经常一起从学校回家；

④ 生物教师比数学教师年龄要大些；

⑤ 假日里，英语教师、数学教师与张教授喜欢打排球。

你知道三位教授各担任哪两门课程的教学工作吗？

428 12点的位置要经过多少次

请问：从8点整到9点整，手表的秒针经过12点要多少次？

429 不可靠的预测机

人工智能专家发明了一个预测机，任何一个人都可以问它：一小时之中会不会发生某件事？如果预测机预知这件事会发生，就亮绿灯，表示"会"；如果亮红灯，就表示"不会"。这个机器一经推出就受到很多人的欢迎，特别是警察局的警员，因为这样可以减轻他们的工作任务。但只有局长不高兴，因为他知道预测机根本就不可靠，他的担心用一句话就可以验证。

请问：你知道局长想到了一句什么话吗？

430 赌徒的谎言

警察在车厢里发现一伙人赌博，他们是张三、李四、王五、阿七。在审问他们谁是老大时，他们的回答各不相同。

张三说："老大是王五。"

李四说："我不是老大。"

王五说："李四是老大。"

阿七说："张三是老大。"

经过了解，这一伙人中只有一个人说的是实话，其他三人说的都是假话。

警长问他的部下："知道谁是头儿吗？"

部下指着一个人说："是他。"

请问：你知道"他"是谁吗？

 431 换汽水

1元钱一瓶汽水，喝完后两个空瓶换一瓶汽水。如果你有20元钱，最多可以喝到几瓶汽水？

432 魔鬼与天使

魔鬼说出口的都是假话，而人有时说假话，有时说真话，天使则总是说真话。

现在甲说："我不是天使。"乙说："我不是人。"而丙则说："我不是魔鬼。"你能判断出他们的身份吗？

433 篮球比赛

某县的五所中学进行篮球比赛，每所中学互赛一场进行循环赛。比赛的结果如下：

一中：2胜2败
二中：0胜4败
三中：1胜3败
四中：4胜0败
请问：五中的成绩如何？

434 啰唆的自我介绍

一个特别喜欢炫耀的人，每次向别人介绍自己办公室的同事情况时，常这样说道："我和王先生、张先生、李小姐三人之间是直接的上下级关系；王先生和赵小姐之间有工作联系；张先生和董先生之间是直接的上下级关系；李小姐和杜小姐有工作联系；赵小姐和董先生工作联系多；董先生和杜小姐工作联系也多。我常常给王先生、李小姐安排工作任务；董先生给赵小姐安排工作任务；张先生给董先生安排工作任务；董先生给杜小姐安排工作任务。我从张先生那里接受工作任务。"

根据这番啰唆的话推断出他们之间分别是什么关系？

435 输与赢

大毛、二毛和三毛三兄弟用零花钱打了几次赌。

①开始，大毛从二毛那里赢得了相等于大毛手头原有数目的钱数。

②接着，二毛从三毛那里赢得了相等于二毛手头剩下数目的钱数。

③最后，三毛从大毛那里赢得了相等于三毛手头剩下数目的钱数。

④结果，他们三人手头所拥有的钱数相同。

⑤我在开始时有50元。

请问：说这番话的是大毛、二毛、三毛中的哪一个？在开始打赌前，他们各自有多少零花钱？

我在开始时有50元。

436 游泳冠军

甲、乙、丙、丁4人进行一次游泳比赛，最后分出了高低。但这4个人都是出了名的撒谎者，他们所说的游泳结果是：

甲：我刚好比乙先到达终点。我不是第一名。

乙：我刚好比丙先到达终点。我不是第二名。

丙：我刚好比丁先到达终点。我不是第三名。

丁：我刚好比甲先到达终点。我不是最后一名。

上面这些话中只有两句是真话，取得第一名的那个人至少说了一句真话。

请问：这4人中谁是游泳冠军？

437 狗狗们的话

德拉家和卡卡家共有4条狗，名字分别是多多、依依、咪咪、汪汪，主人喜欢把它们打扮得漂漂亮亮的。一天，它们说了如下的话，在这些话中，如果是关于自己家的话就是真实的，如果是关于别人家的话就是假的。

穿棕衣服的狗狗："穿黄衣服的是多多，穿白衣服的是依依。"

穿黄衣服的狗狗："穿白衣服的狗狗是咪咪，穿灰衣服的狗狗是汪汪。"

穿白衣服的狗狗："穿灰色衣服的狗狗是多多。"

穿灰衣服的狗狗："穿棕衣服的狗狗是多多，穿白衣服的狗狗是卡卡家的狗狗。"

请问：这4条狗狗分别是谁家的？

裙子是什么颜色

娜娜最近买了一条新款淑女裙。朋友们急着想一睹风采，可娜娜却还在卖关子，只给她们一个提示："我这条裙子的颜色是红、黑、黄三种颜色其中的一种。"

"娜娜一定不会买红色的。"小晓说。

"不是黄的就是黑的。"童童说。

"那一定是黑的。"光子说。

最后，娜娜说："你们之中至少有一个人是对的，至少有一个人是错的。"

请问：娜娜的裙子到底是什么颜色的呢？

 纸牌游戏

有9张纸牌，分别为1～9。甲、乙、丙、丁4人取牌，每人取2张。现已知甲取的两张牌之和是10；乙取的两张牌之差是1；丙取的两张牌之积是24；丁取的两张牌之商是3。

请说出他们4人各拿了哪两张纸牌，剩下的一张又是什么牌？

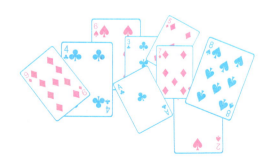

谁姓什么 440

大明、二明、三明、四明的姓各自是"张"、"王"、"李"和"赵"。

①大明的姓是"王"或"李"其中的一个。

②二明的姓是"张"或"王"其中的一个。

③三明的姓是"张"或"李"其中的一个。

④姓"王"的人，是大明或四明其中的一个。

猜猜这4个人的姓名。当然，4个人的姓都不一样。

 ## 441 9枚硬币

桌上放有9枚硬币，双方轮流从中取走1枚、3枚或4枚硬币。谁取走最后一枚硬币谁就赢了。请问：应该怎样才能制胜？

李经理的一周行程 442

下个星期李经理的活动安排是：参观科技馆；去税务所；去医院看外科；还要去宾馆午餐。宾馆是在星期三停止营业；税务所是星期六休息；科技馆在周一、三、五开放；外科大夫每逢周二、五、六坐诊。那么李经理应该在星期几才能在一天之内完成所有事情呢？

443 宾馆凶案

某宾馆发现一具尸体，医生对死者进行检查后，说："从最近的距离向心脏打了一发子弹，因此立即死亡。"

警察立刻展开对此事的调查，传讯了三名有嫌疑的人。三人分别作了如下的证词：

甲：死者不是乙杀的，是自杀的。

乙：他不是自杀的，是甲杀的。

丙：不是我杀的，是乙杀的。

后经查明，每个人的话都只有一半是正确的。

根据以上信息，说出谁是凶手。

444 谁买了什么

A、B、C、D四个朋友到某商厦购物。他们分别买了一块表、一本书、一双鞋和一架照相机。这四样商品分别在一至四层购买，当然，上述四样商品的排列顺序不一定就是它们所在楼层的排列顺序，也不一定等同于买主被提及的顺序。

如何根据以下线索，确定谁在哪一层购买了哪样商品：

A去了一层；表在四层出售；C在二层购物；B买了一本书；A没有买照相机。

445 步行街两旁的商店

步行街两旁并排开了6家店，分别是A、B、C、D、E、F。目前只知道这些情况：

①A店的右边是书店。
②书店的对面是花店。
③花店的隔壁是面包店。
④D店的对面是E店。
⑤E店的隔壁是酒吧。
⑥E店跟书店在道路的同一边。
请问：A店是什么店？

446 难解的血缘关系

比尔、哈文和罗西之间有血缘关系，而且他们之间没有违背道德伦理的问题。现在只知道他们当中有比尔的父亲、哈文唯一的女儿和罗西的同胞手足。但是罗西的同胞手足既不是比尔的父亲也不是哈文的女儿。你知道他们当中哪一位与其他两人性别不同？

一模一样 447

一个人杀人之后便逃之夭夭。警探赶到现场后，根据目击者提供的情况，在一家饭店里发现了他。可这个小伙子说自己一直在这儿，吃饭后，就在这里看电视，根本就没有离开过饭店。

饭店的经理和周围的人也证实了他的说法。可目击者却一致确认，从相貌和衣着上看，这个小伙子就是那个作案者。后来，警探化验了嫌疑犯留下的指纹，发现指纹和这个小伙子的明显不符。

警探忽然明白了，于是，他赶紧和助手去查了小伙子的户口册，果然如此。根据这个线索，很顺利就把凶手抓到了，并且证明确实不是这个小伙子。

请问：警探是如何找到凶手的？

448 找出异常的小·球

有12个小球特征相同，其中只有一个重量异常（轻或重都有可能），现在要求用一个没有砝码的天平称3次，将那个重量异常的球找出来。想想该怎么称？

449 瓶子里装的是什么

有4个瓶子分别装有白酒、啤酒、可乐、果汁，但是在装有果汁的瓶子上的标签是假的，其他的瓶子上的标签是真的。根据右图，你知道每个瓶子里分别装的是什么东西吗？

甲　乙　丙　丁

450 猛兽出没的村庄

有一位探险家来到一个猛兽经常出没的村庄里，村里住着老实族和骗子族。探险家想知道今天有没有猛兽出没，就去问一个村民，聪明的探险家问了一个问题就知道今天有没有猛兽出没。

请问：他问了一个什么问题？

太平洋里的鲸鱼 451

在太平洋里住着5条鲸鱼。一天，它们在海面冲浪后聚到一起聊天。这5条鲸鱼分别居住在不同的深度(800米、900米、1000米、1100米、1200米)。关于居住深度比自己浅的鱼的叙述都是真的，关于居住深度比自己深的鱼的叙述就是假的，而且，只有一条鲸鱼说了真话。它们的对话如下：

甲："乙住在900米或者1100米的地方。"
乙："丙住在800米或者1000米的地方。"
丙："丁住在1100米或者1200米的地方。"
丁："戊是在1100米或者1200米的地方。"
戊："甲住在800米或者1000米的地方。"
那么，究竟每条鲸鱼分别住在哪个深度？

452 乌龟赛跑

有甲、乙、丙、丁 4 只乌龟，他们在本周照惯例进行了赛跑。上一次比赛没有出现两只乌龟"并列第一"的情况，这次也一样。而且，上回的第一名不是丙乌龟。

4 只乌龟所言如下，在上次比赛中名次下降的乌龟撒谎了，名次没有下降的乌龟说了实话。

不巧的是他们的对话被兔子听到了。根据兔子的叙述，推测一下 4 只乌龟在上次和这次比赛中分别是第几名。

甲："乙上次是第二名。"

乙："丙这次是第二名。"

丙："丁这次比上次位置上升了。"

丁："甲这次名次上升了。"

453 谁看了足球赛

5 个朋友中只有一个人上周看了足球赛。他们每个人说的三句话中，有两句是对的，一句是错的。根据他们的对话，思考谁看了足球赛？5 个人的对话如下：

A 说：我没有看足球赛。我上周没看过任何足球赛。D 看了足球赛。

B 说：我没看足球赛。我从足球场前走过。我读过一篇足球报道。

C 说：我没看足球赛。我读过一篇足球评论。D 看了足球赛。

D 说：我没看足球赛。E 看了足球赛。A 说我看了足球赛，那不是真实的。

E 说：我没看足球赛。B 看了足球赛。我读过一篇足球评论。

猜不透的问答 454

朋友也分两种：诚实的朋友和说谎的朋友。

问波波："哈瑞在说谎吗？"波波回答说："不，哈瑞没有说谎。"

问哈瑞："杰森在说谎吗？"哈瑞回答说："是的，杰森在说谎。"

那么，问杰森"波波在说谎吗"时，杰森会回答什么呢？

455 吃西瓜比赛

某电视台要举行吃西瓜比赛，邀请了4对情侣参加。决赛前一共要进行4项比赛，每项比赛每对情侣都要派出一名成员参加。

第一项参赛的人是：吴刚、孙全、赵亮、李利、王林；

第二项参赛的人是：郑成、孙全、吴刚、李利、周文；

第三项参赛的人是：赵亮、张落、吴刚、钱佳、郑成；

第四项参赛的人是：周文、吴刚、孙全、张落、王林。

刘某因故没有参加第四项比赛。

根据以上信息，说说谁和谁是情侣。

赛马 456

甲、乙、丙、丁4匹马赛跑，它们共进行了4次比赛。结果是甲快乙3次，乙又快丙3次，丙又快丁3次。很多人会以为，丁跑得最慢，但事实上，丁却快甲3次，这看似矛盾的结果可能发生吗？

457 数学讲师的难题

英国剑桥大学数学讲师卡洛尔曾出了下面这道题目来测验他的学生的逻辑思维能力。题目是这样的：

① 教室里标有日期的信都是用粉色纸写的。

② 丽萨写的信都是以"亲爱的"开头的。

③ 除了约翰外没有人用黑墨水写信。

④ 皮特没有收藏他可以看到的信。

⑤ 只有一页信纸的信中，都标明了日期。

⑥ 未作标记的信都是用黑墨水写的。

⑦ 用粉色纸写的信都收藏起来了。

⑧ 一页以上的信纸的信中，没有一封是做标记的。

⑨ 约翰没有写一封以"亲爱的"开头的信。

根据以上信息，判断皮特是否可以看到丽萨写的信。

458 别墅惨案

一天上午，杰克和约翰去看望住在郊区别墅的金姆森太太。平常他们要进去都要按门铃，今天的门却是虚掩着的。杰克和约翰推开门进去，在一楼餐厅里发现了金姆森太太的尸体，看上去，她已经遇害十多天了。

她是在用餐的时候遭到突然袭击的，一柄尖刀贯穿胸口，瞬间夺去了她的生命。凶手随后洗劫了整幢别墅。

杰克和约翰伤感地坐在别墅前面的台阶上，送来的报纸堆满了整级台阶，而订阅它的人永远不会再读报了。别墅的台阶下，还放着两瓶早已过期的牛奶，也是金姆森太太定的。聪明的杰克看到以后，花了 5 秒的时间就知道了凶手是谁。你知道吗？

459　美丽公主的不幸遭遇

这是一个流传在古希腊的传说。有一个美丽的公主在河边洗澡，当她洗完后发现放在岸边的衣服被人偷了。关于这件事，受害者、旁观者、目击者和救助者各有说法。她们的说法如果是关于被害者的就是假的，如果是关于其他人的就是真的。请你根据她们的说法判定她们各自的身份。

玛丽说：　"瑞利不是旁观者。"
瑞利说：　"劳尔不是目击者。"
露西说：　"玛丽不是救助者。"

劳尔说：　"瑞利不是目击者。"

460　男生和女生

周末，老师带领一些学生去郊外游玩。男生戴的是蓝色的帽子，女生戴的是黄色的帽子。但每个男生都说：蓝色的帽子和黄色的帽子一样多；而每个女生说：蓝色的帽子比黄色的帽子多一倍。

请问：男生和女生各有多少个？

461　旅行家的迷惑

一个旅行家遇到了3个美女，他不知道哪个是天使，哪个是魔鬼。天使常常说真话，魔鬼只说假话。

甲说：　"在乙和丙之间，至少有一个是天使。"

乙说：　"在丙和甲之间，至少有一个是魔鬼。"

丙说：　"我告诉你正确的消息吧！"
你能判断出有几个天使吗？

462 谁是司机

A、B、C 3人在车上担任乘务员、售票员和司机（不一定按此顺序排列）。有一天，车上只有三位乘客，他们分别来自三个不同的城市。很凑巧，这三位乘客的姓也是A、B、C，暂且称他们为A先生、B先生和C先生。另外还知道：

①C先生住在底特律市。

②乘务员住在芝加哥和底特律之间。

③住在芝加哥的乘客和乘务员同姓。

④乘务员的一位邻居也是一位乘客，他挣的工资正好是乘务员工资的三倍。

⑤B先生一年只挣2000元，他的生活要靠朋友救济。

⑥A的台球打得比售票员好。

根据以上信息，请回答：谁是司机？

成绩表 463

期末考试后，班主任统计了班上最典型的4个人的成绩。

① 有甲、乙、丙、丁、戊 5个等级的评分，江子、雷雷、宇春、夏雨4个人的成绩中没有被评为丁和戊的。

② 有1人3科成绩都是甲。

③ 有1人某科成绩是甲，某科成绩是乙，某科成绩是丙。

④ 有2人两科相同科目的成绩都是甲。

⑤ 语文成绩中没有乙。

⑥ 江子和雷雷的语文成绩相同。

⑦ 宇春的数学成绩和雷雷的英语成绩相同。

⑧ 夏雨成绩中有一科是丙。

⑨ 江子的英语成绩和夏雨的数学成绩相同。

根据上面所述，完成右面的表格。

	语文	数学	英语
宇春	丙		
夏雨			乙
江子		甲	
雷雷		甲	

464 谁和谁是亲兄弟

有一个楼里住着4户人家,每家各有两个男孩。这4对亲兄弟中,哥哥分别是甲、乙、丙、丁,弟弟分别是A、B、C、D。一次,有个人问:"你们究竟谁和谁是亲兄弟呀?"乙说:"丙的弟弟是D。"丙说:"丁的弟弟不是C。"甲说:"乙的弟弟不是A。"丁说:"他们3个人中,只有D的哥哥说了实话。"丁的话是可信的,那人想了好半天也没有把他们区分出来。你能区分出来吗?

465 财政预算方案

某国3位政府官员张先生、王先生、李先生要在年终总结大会上表决如何分配总额4亿元的财政预算。

这个预算方案一共有甲、乙、丙3个提案(如下表所示),分别决定了各位官员可以获得的预算。投票规则是:首先对甲、乙两案进行表决,胜出的方案再与丙案进行表决。

请问:张先生应该如何投票才能确保自己的收益最大呢?

政府官员	甲案	乙案	丙案
张先生	2亿	1亿	0亿
王先生	1亿	0亿	2亿
李先生	1亿	3亿	2亿

466 你要哪一只钟

有两只钟,一只每天只走准一次,另一只一天只慢一分,你要哪一只?

467 魔球里的钻石

5个魔球里分别装有红、绿、黄、黑、蓝5种颜色的钻石。博士让A、B、C、D、E 5个人猜魔球里钻石的颜色，猜中了就把里面的钻石奖给他。

A说：第二个魔球是蓝色，第三个魔球是黑色。

B说：第二个魔球是绿色，第四个魔球是红色。

C说：第一个魔球是红色，第五个魔球是黄色。

D说：第三个魔球是绿色，第四个魔球是黄色。

E说：第二个魔球是黑色，第五个魔球是蓝色。

答案揭晓后，5个人都猜对了一个，且每人猜对的颜色都不同。

请问：每个魔球里分别装了什么颜色的钻石？

468 老实的骗子

老实先生一家人一点都不老实。这天中午吃饭，爷爷先在圆形的餐桌前坐了下来，问其他4个人要怎么坐。没想到他们连这个也要说谎。

妈妈："我坐女儿旁边。"

爸爸："我坐儿子旁边。"

女儿："妈妈是在弟弟的左边。"

儿子："那我右边是妈妈或姐姐。"

请问：他们一家人到底是怎么坐的？

469 紧急集合

凌晨两点半外面响起一阵响亮的集合哨声，还在睡梦中的201宿舍的4个女学生（李佳、刘方、房华、何林）慌乱地爬起来，结果都穿错了衣服：只有一个人穿对了自己该穿的上衣，还有一个人穿对了自己该穿的下装，但没有人把上装和下装全部穿对了。

根据以下条件，回答4个人分别是穿了谁的上装和下装？

① 刘方只穿了一个人的下装，这个人又穿了李佳的上装。

② 房华只穿了一个人的下装，这个人又穿了刘方的上装。

皇妃与侍女 470

一个皇帝有20个皇妃，每位皇妃身边都有一个坏侍女。虽然每一个皇妃都知道其他皇妃的身边有一个侍女是坏人，但由于她们之间关系不融洽，因此她们都不知道自己的侍女是否是坏人。

皇上知道此事后，把20个皇妃召集在一起，告诉她们，在跟随她们的侍女中至少有一个坏人，并要求她们如果知道了自己的侍女是坏人就必须立刻杀了她；如果知道了又不杀的话，那皇妃的脑袋就保不住了。期限为20天。

为此，皇上办了一份早报，如果哪位侍女被杀了就会刊登在早报上，可19天都平静地过去了，在第20天早晨，仍然没有哪一位皇妃杀自己侍女的消息。请问：接下去的情况将会怎么样呢？

第九部分

演绎推理游戏

　　千奇百怪、变幻莫测的演绎推理游戏就像一个个难解的谜团，让你找不到答案的出口，总感觉自己太笨。哈哈！

　　如果你静下心来玩这些推理游戏，你就会发掘其中的奥秘。

　　试一试吧！

471 谁的年龄大

小强与小田是两兄弟，有一天被一个路人问到谁的年龄比较大。

小强说："我的年龄比较大。"

小田说："我的年龄比较小。"

他们两个也不是双胞胎，而且他们之中至少有一个人在说谎。

请问：谁的年龄比较大？

商场购物 472

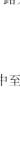

强强、壮壮和冬冬三兄弟约定在某个周日去商场。他们各自买了不同的东西(书包、CD、英语字典、篮球等)。

请根据三人的发言，推断谁买了什么东西。每个男孩的话都有一半是真话，一半是假话。

强强："壮壮买的不是篮球。冬冬买的不是CD。"

壮壮："强强买的不是CD。冬冬买的不是英语词典。"

冬冬："强强买的不是书包。壮壮买的不是英语词典。"

请问：他们3个人各自买了哪件东西？

一个晴朗的午后，一位旅行家不小心迷了路。在一个渺无人烟的原始森林里住着一个原始部落，部落里有一些人只说实话，有一些人只说谎话。

原始森林 473

旅行家觉得非常口渴，想要一点水喝。走着走着发现前面有一个水桶，于是他随便问了一位村人这水可不可以喝。

"今天天气真好啊！"

"是的。"

"这水可以喝吗？"

"是的。"

请问：这水到底可不可以喝呢？

474 羽毛球能手

张老师、他的妹妹、他的儿子和女儿都是羽毛球能手。关于这4人的情况如下：

① 常胜将军的双胞胎兄弟或姐妹与表现最差的人性别不同。

② 常胜将军与表现最差的人年龄相同。

请问：这4人中谁是常胜将军？

475 小魔女们的小狗

小林子、小欢子、小安子、小丹子4个小魔女每人都养了小狗，但数量各不相同，并且她们眼睛的颜色和她们所穿的魔女服装的颜色各不相同。

小狗的数量有：1只、2只、3只、4只。

眼睛颜色分别是：灰色、绿色、蓝色、红色。

服装颜色分别是：黑色、红色、紫色、茶色。

请根据如下条件判断她们每个人眼睛的颜色、魔女服装的颜色、饲养小狗的数量。

①灰色眼睛的魔女和黑色服装的魔女和小欢子3人共有8只小狗。

②绿色眼睛的魔女和红色服装的魔女和小安子3人共有9只小狗。

③红色眼睛的魔女和茶色服装的魔女和小丹子3人共有7只小狗。

④紫色服装的魔女的眼睛不是灰色的。

⑤小安子的眼睛不是蓝色的。

⑥小欢子的眼睛是红色的。

476 雪地上的脚印

在一个积雪厚达30厘米的严冬的早晨，罪犯在自己家中杀人后，穿过一片空地，将尸体扛到邻居一所正在建造中的空房内，转移了杀人现场。然后他顺原路返回家中，拨通了报警电话，装作若无其事的样子说发现有人被害了。

警探赶到后，查看了那个人往返现场时留在雪地上的脚印，便厉声呵斥说："你在说谎，凶手就是你！"

你知道警探是怎么判断的吗？

477 鸵鸟蛋

甲、乙、丙、丁4个人暑假里到4个不同的岛屿去旅行，每个人都在岛上发现了鸵鸟蛋(1个到3个)。4人的年龄各不相同，从18岁到21岁。

目前只知道下列情况：

①丙是18岁。

②乙去了A岛。

③21岁的男孩发现的蛋的数量比去A岛男孩的少1个。

④19岁的男孩发现的蛋的数量比去B岛男孩的少1个。

⑤甲发现的蛋和去C岛的男孩发现的蛋之中，有一处是2个。

⑥去D岛的男孩发现的蛋比丁发现的蛋要少2个。

请问：他们分别是多少岁？分别在哪个岛上发现了多少个鸵鸟蛋？

478 迷雾重重的盗窃案

雷米警长正在盘问一宗盗窃案的5个嫌疑犯，他们当中只有3个人说的是真话。根据他们的说辞，你能猜出谁是小偷吗？

A：D是小偷。

B：我是无辜的。

C：E不是小偷。

D：A说的全是谎话。

E：B说的全是真话。

479 真正的朋友

玛丽气质高雅、乐于助人，是班上9个同学希望交往的对象。而且这9个人之中，有一个人是玛丽真正的朋友。下面是这9人的话，假设其中只有4人说实话，那么究竟谁才是玛丽真正的朋友呢？

A：我想一定是G。B：我想是G。C：我是玛丽真正的朋友。D：C在说谎。E：我想一定是I。F：不是我也不是I。G：F说的是实话。H：C是玛丽真正的朋友。I：我才是玛丽真正的朋友。

480 如何过河

明明牵着一只狗和两只小羊回家，路上遇到一条河，没有桥，只有一条小船，并且船很小，他每次只能带一只狗或一只小羊过河。你能帮他想想办法，把狗和小羊都带过河去，又不让狗吃到小羊吗？

音乐会上的阴谋 481

直到音乐会开幕的当晚，格雷对他的两个得意门生巴蒂和埃利谁将首次登台独奏小提琴，仍然犹豫不决。开幕前15分钟，他告知巴蒂准备出场演奏，然后将这个决定告知埃利，埃利感到很遗憾。

10分钟之后，格雷去叫巴蒂准备出场，却发现巴蒂倒毙在小小的化妆间，头部中弹，血流满地。格雷慌忙敲开舞台侧门，将这一惨案报告尼克探长。

探长见开场时间已到，就极力劝格雷先别声张，继续演出，然后他走进埃利的化妆室。埃利听到最后决定让他登台时，没有询问情由，便拉拉领带，拿起琴和弓，随格雷登台去了。

当听众如痴如醉地沉浸在优美的乐曲中时，尼克探长却拿起电话通知警察前来逮捕这位初露头角的小提琴手。

你知道探长为什么要逮捕埃利？

482 谁在前面，谁在后面

甲、乙、丙、丁、戊、己6个人排成一排开始训练。己没有排在最后，而且他和最后一个人之间还有两个人；戊不是最后一个人；在甲的前面至少还有四个人，但他没有排在最后；丁没有排在第一位，但他前后至少还有两个人；丙没有排在最前面，也没有排在最后。

请问：他们6个人的顺序是怎么排的？

483 圣诞聚会

5个圣诞老人约好周末参加一次圣诞聚会。他们都不是在同一个时间到达约会地点的：A不是第一个到达约会地点；B紧跟在A的后面到达约会地点；C既不是第一个也不是最后一个到达约会地点；D不是第二个到达约会地点；E在D之后第二个到达约会地点。

你知道他们到达约会地点的先后顺序吗？

赴宴会 484

有三对新婚夫妇住在同一个院子里。这天他们都收到了请帖要到西城区去赴宴会，但门外只停着一辆能容纳两人坐的小汽车，而且没有司机。每个丈夫都嫉妒心强，随时都要保护他美丽的新娘，不让自己的新娘和别的男子在一起。

请问：这三对夫妇该如何赴宴会？最少要往返多少次？

485 谁是体操全能冠军

去年夏天，兄弟3人分别参加了三项体育竞赛，即体操、撑杆跳和马拉松。

已知的情况是：老大没去参加马拉松比赛；老三没有参加体操比赛项目；在体操比赛中获得全能冠军称号的那个孩子，没有撑杆跳；马拉松冠军并非老三。

你能判断出谁是体操全能冠军吗？

486 谁和谁是一家

有4个男孩(童童、壮壮、可可、丁丁)，分别是两对兄弟：童童和壮壮是兄弟，可可和丁丁是兄弟。他们4个人说了如下的话，如果是兄弟，话都是真实的；如果不是兄弟，话都是假的。

跑步的男孩说："拿着长笛的男孩是可可。"

拿着长笛的男孩说："溜冰的男孩是丁丁。"

溜冰的男孩说："拿着书的男孩是童童。"

拿着书的男孩说："拿长笛的男孩不是丁丁。"

根据以上对话，说出这几个男孩分别是谁，谁和谁是一家的？

487 宇宙飞船里的稀客

有一天，在广阔的西伯利亚地面上降落了一艘子弹头式的宇宙飞船，随后从里面下来5个穿着奇异服装的稀客，有两个人是火星人，其余的是水星人。

面对新闻媒体的热烈采访，5人的发言如下。其中的4个人说了真话，有一人撒谎。

阿波罗说："泰勒和比尔两者之中只有一个是火星人。"

泰勒说："比尔和费卢之中有一个是水星人。"

比尔说："帕萨斯和费卢之中有一个人是水星人。费卢和阿波罗来自不同星球。"

费卢说："比尔和莱布之间至少有一个人是火星人。"

莱布说："阿波罗和泰勒之中有一个人是火星人。"

请问：他们之中哪几个是火星人，哪几个是水星？

488 酒店挟持案

福特在金冠大酒店被歹徒挟持，歹徒逼迫他给家里报平安。福特的电话内容是这样的：

"亲爱的罗莎，您好吗？我是福特，昨晚不舒服，不能陪您去夜总会，现在好多了，多亏金冠大酒店经理送的特效药。亲爱的，不要和我这样的'坏人'生气，我们会永远在一起的，请您原谅我的失约，我的病不是很快就好了吗？今晚赶到您家时再向您道歉，可别生我的气呀!好吧，再见！"

可是5分钟后，警察突然出现在他们面前，歹徒不得不举手投降。你知道福特是怎么报案的吗？

489 玛瑙戒指

有4个可爱的女子，其中有1人是有妖性的女子，她常常撒谎，其他3人是单纯的女子，从不撒谎。她们每个人都戴着一个戒指，其中的一个戒指是玛瑙戒指，戴着它的人，无论是单纯的女子还是有妖性的女子，都会说谎。而且，她们互相都知道谁是有妖性的女子，谁是戴着玛瑙戒指的女子。

根据以下对话，推断到底谁是有妖性的女子？谁戴着玛瑙戒指呢？

拉拉说："我的戒指不是玛瑙戒指。"

奇奇说："天天是妖性女子。"

天天说："戴着玛瑙戒指的是兜兜。"

兜兜说："天天不是有妖性的女子。"

490 电影主角

怀特有两个妹妹：贝尔和卡斯；怀特的妻子费伊·布莱克有两个弟弟：迪安和埃兹拉。他们6人中有一位担任了一部电影的主角，其余5人中有一位是该片的导演。

怀特家　　　　　　　　布莱克家

亚历克斯：舞蹈家　　　迪安：舞蹈家

贝尔：舞蹈家　　　　　埃兹拉：歌唱家

卡斯：歌唱家　　　　　费伊：歌唱家

① 如果主角和导演是亲属，则导演是个歌唱家；不是亲属，则导演是位男士。

② 如果主角和导演职业不同，则导演姓怀特。

③ 如果主角和导演性别相同，则导演是个舞蹈家；性别不同，则导演姓布莱克。

请问：谁是电影主角？

491 昆虫聚会

蜜蜂、蝴蝶、蜻蜓如图A所示正排队参加昆虫聚会。忽然，队长让它们变成了如图B的排列。如果：

①相邻的叶子是空的，就可以飞过去。

②隔一个叶子相邻的叶子是空的，也可以飞过去。

③不可以两只昆虫同时停在一片叶子上。

请问：它们一共要飞几次才能完成图B的顺序呢？

图A

图B

492 两个乒乓球

小雪一直吵着要明明陪她一起打乒乓球。明明被吵得实在受不了，于是想了一个妙计："小雪，这袋子里放了两个乒乓球，一个黄色的，另一个是白色的。现在，要你伸手进去拿乒乓球。如果你拿到黄色的，我陪你玩，但如果拿到白色的，就要放弃了，而且不能再吵我！"

小雪的眼睛顿时亮了起来，但此时却瞥见转过身的明明放了两个白色乒乓球进去。那么，不论她拿到哪一个都会是白色的。

请问：小雪是不是玩不成乒乓球了？

493 4个兄弟一半说真话

劳斯生有 4 个儿子，3 个哥哥都生性顽劣，只有最小的弟弟善良淳朴。不过二哥也还算善良，也会说真话。

下面是他们关于年龄的对话。

劳拉："劳莎比劳特年龄小。"

劳莎："我比劳拉小。"

劳特："劳莎不是三哥。"

劳茵："我是长兄。"

你能判断他们的年龄顺序吗？

494 多少枚钻戒

人间来了 4 位天使。她们 4 个人的手上都戴着1枚以上的钻戒，4人的钻戒总数是10枚。她们4个人说的话刚好被魔鬼听见了。其中，有2枚钻戒的人的话是假话，其他人的话是真话。另外，有2枚钻戒的人可能存在两人以上。

丽丽："艾艾和拉拉的钻戒总数为5。"

艾艾："拉拉和米米的钻戒总数为5。"

拉拉："米米和丽丽的钻戒总数为5。"

米米："丽丽和艾艾的钻戒总数为4。"

请问：她们每个人的手上各戴有多少枚钻戒？

495 舞蹈老师

学校来了A、B、C、D、E 5位应聘舞蹈老师的女士。她们当中有两位年龄超过30岁，另外3位小于30岁。而且有两位女士曾经是老师，其他的3位是秘书。现在只知道A和C属于相同的年龄档，而D和E属于不同的年龄档。B和E的职业相同，C和D的职业不同。但是校长只想挑选一位年龄大于30岁的老师任舞蹈老师。你猜谁是幸运者？

496 六边形的桌子

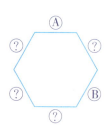

A~F六个人围着一个六边形的桌子而坐（如左图）。图中已经填好了A和B的位置，请根据下面的提示依次把其他人的空位填满。

①A坐在B右手边隔一个空位的位子上。

②C坐在D的正对面。

③E坐在F左手边隔一个空位的位子上。

那么，如果F不是坐在D的隔壁，A的右边会是谁呢？

497 真假钻石

钻石

年事已高的国王想从众多儿子当中挑选继承人。为了考验儿子们的智慧，国王拿出10颗钻石，其中带有标记的一颗才是真钻石。然后他将这10颗钻石围成一圈，由大家轮流按规则挑选，即任选一颗为起点，接着按照顺时针的方向数，数到17的时候这颗钻石就被淘汰，依次类推，继续数下去，直到最后只剩下一颗钻石。这样，谁得到那颗真钻石，谁就可以做皇位的继承人。

假如你是皇子，你该怎么数才可以得到那颗真钻石呢？

女秘书 498

由于朗克总裁被杀，他的3位秘书玛丽、琳达和莉莉都受到警方的传讯。这3人中有一人是凶手，另一个人是同谋，第三个人则是毫不知情者。她们的供词说的都是别人，这些供词中至少有一条是毫不知情者说的，而且毫不知情者说的是真话。她们的供词如下：

① 玛丽不是同谋。
② 琳达不是凶手。
③ 莉莉参与了此次谋杀。
请问：这3位秘书中，哪一个是凶手？

499 车库命案

一天早晨，某集团的董事长死在自己的车库里。死因是氰化钾中毒，死者是在准备出车库时，吸入剧毒气体致死的。

可是，案发那天，周围既无人接近过车库，也未发现现场有任何可能产生氰化钾的药品和容器。那么，罪犯究竟是用了什么手段将董事长毒死的呢？

调查这一案件的侦探发现，汽车的一个轮胎已爆胎，被压得扁扁的，他马上就识破了作案手段。你知道凶手是如何作案的吗？

500 避暑山庄

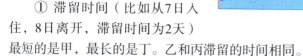

甲、乙、丙、丁4人分别在上个月不同时间内入住到避暑山庄，又在不同的时间分别退了房。现在只知道：

① 滞留时间（比如从7日入住，8日离开，滞留时间为2天）最短的是甲，最长的是丁。乙和丙滞留的时间相同。

② 丁不是8日离开的。

③ 丁入住的那天，丙已经住在那里了。

入住时间是：1日、2日、3日、4日。

离开时间是：5日、6日、7日、8日。

根据以上条件，你知道他们4人分别的入住时间和离开时间吗？

501 帽子的颜色

在一次生日派对上，准备了三顶蓝帽子和两顶红帽子。在前面扮演小丑的大毛、二毛、三毛排成一列。大毛后面站着二毛，二毛后面站着三毛。

他们3人头上各戴上一顶帽子，剩下的帽子被藏了起来。他们可以看到前面的人帽子的颜色，但看不到自己的。

"三毛，你的帽子是什么颜色？"

"不知道。"

"二毛呢？"

"我也不知道。"

这时候，谁的帽子都看不到的大毛却说："啊！我知道了。"

请问：大毛的帽子是什么颜色？

502 仙女和仙桃

4个仙女手中拿着仙桃，每个人的数量不同，4个到7个之间。然后，4个人都吃掉了1个或2个仙桃，结果每个人剩下的仙桃数量还是各不相同。

4人吃过仙桃后，说了如下的话。其中，吃了2个仙桃的人撒谎了，吃了1个仙桃的人说了实话。

西西："我吃过红色的仙桃。"

安安："西西现在手里有4个仙桃。"

米米："我和拉拉一共吃了3个仙桃。"

拉拉："安安吃了2个仙桃。""米米现在拿着的仙桃数量不是3个。"

请问：最初每人有几个仙桃，吃了几个，剩下了几个呢？

503 猫的谎言

有3只猫(白猫、黑猫、花猫)在美丽的小溪中捉鱼，每只猫都捉到了1~3条鱼不等，即它们可能各捉到一条，也可能各捉到不同数量的鱼。回来的路上，3只猫说了下面的话，显然，说的数量比实际捉到的多，那肯定是假的，剩下的话都是真的。

白猫："黑猫捉到了两条鱼。"

黑猫："花猫捉到的不是两条鱼。"

花猫："白猫捉到的不是一条鱼。"

请问：它们各自捉了多少条鱼？

学什么运动 504

当当在某月的前半个月(1日到15日)学了5种运动。每学一种运动的天数各不相同，而且，同一天里也没有学2种运动。那么，究竟他每天在学什么运动呢？

①当当4日的时候学了打网球，8日的时候在学滑雪，12日学射箭。

②第三项运动只进行了1天时间。

③第四项运动是踢足球。

④用3天学的运动项目不是踢足球也不是打保龄球。

运动项目：网球、滑雪、射箭、踢足球、打保龄球。

天数：只有1天、连续两天、连续3天、连续4天、连续5天。

你能列出他学习每项运动的开始日期和结束日期吗？

505 谁做家务

丁丁经常喜欢和他的两个同胞兄弟用猜拳来决定谁做家务，可老是平手，分不出胜负。于是，丁丁就想：如果一次只有两个人的话，就不会出现这么多次平手了。

你认为丁丁的想法正确吗？

506 糊涂的答案

一位驼背的老年人和一位瘸腿的年轻人路过一个陌生的村庄，对面走来一位中年人。好奇的中年人问年轻人："那位驼背的老年人是不是你父亲？"年轻人肯定地回答："是的。"中年人又到前面去问老年人："后面那位瘸腿的是不是你儿子？"老年人否定地回答："不是。"中年人有点被弄糊涂了，又一次问年轻人："那位驼背的老年人是不是你的亲生父亲？"年轻人仍然肯定地回答："是的。"中年人又一次到前面去问老年人："那位瘸腿的年轻人是不是你的亲生儿子？"老年人同样否定地回答:"不是。"

但事实上老年人和年轻人说的都是真话。想一想老年人和年轻人到底是什么关系？

507 见面分一半

一只从没出过远门的小猴子跑到一块桃园里，摘了很多的桃，背起来就走，没走几步，就被山神拦住了。山神说要见面分一半。小猴子只好无奈地把桃分了一半给山神。分完以后，山神看见小猴子的包里有一个特别大的桃，又拿走了那个桃。

小猴子非常不高兴，背着桃悻悻地走了。没走一里路，又被风爷爷拦住了，同样风爷爷从小猴子的包里拿走了一半外加一个。之后，小猴子又被雨神、电神、雷神用同样的办法要走了桃。等小猴子到家的时候，包里只剩下一个桃。小猴子心想：反正就只有一个，干脆我自己吃了吧。这下，却被妈妈看见了。小猴子委屈地向妈妈诉说自己的遭遇。妈妈问他原来有多少个桃，小猴子说他也不知道有多少个桃，而且他们每人拿走了多少也不知道。但妈妈一算就知道猴子原来有多少个桃。你知道吗？

508 勇敢的探险家

一个勇敢的探险家有一次分别从3只凶狠的狼的爪下救出3个姑娘。现在只知道：

① 被救出的姑娘分别是依云、农夫家的女儿和从白狼爪下救出来的姑娘。

② 李琳不是书店家的女儿，茉莉也不是开宾馆家的女儿。

③ 从黑狼爪下救出来的不是书店家的女儿。

④ 从红狼爪下救出来的不是李琳。

⑤ 从黑狼爪下救出的不是茉莉。

根据上面的条件，说说这3个姑娘分别来自哪家？又是从哪种颜色的狼爪下被救出来的？

509 谁是盗窃者

一天，某超市的监控器坏了，但仍在正常营业，店长在巡视的时候发现一个台灯被偷了。警方经过缜密地调查，认为甲、乙和丙是怀疑对象。3个人在不同的时间分别受到警方的传讯，于是各作了一条供词。具体如下：

① 甲没有偷东西。

② 乙说的是真话。

③ 丙在撒谎。

供词①是最先讲的；

供词②③不一定是按讲话时间的先后顺序排列的，但它们都是针对前面所作的供词。

目前只知道，他们每个人作的一条供词，都是针对另一个怀疑对象，而且盗窃者就是他们其中的一个。

请问：这3个人当中谁是盗窃者？

510 谁是智者

甲、乙、丙3个人中，只有一个是智者。他们一起参加了语文和数学两门考试。

甲说：如果我不是智者，我将不能通过语文考试；如果我是智者，我将能通过数学考试。

乙说：如果我不是智者，我将不能通过数学考试；如果我是智者，我将能通过语文考试。

丙说：如果我不是智者，我将不能通过语文考试；如果我是智者，我将能通过语文考试。

考试结束后，证明这3个人说的都是真话，并且智者是3人中唯一通过某门考试的人，也是唯一没有通过另一门考试的人。

你知道这3个人中，谁是智者吗？

511 属于哪一个家庭

在拉拉的13岁生日会上，来了12个小孩，共来自甲、乙、丙3个不同的家庭，当然也包括拉拉所在的家庭。这13个孩子中，除了拉拉13岁外，其余的都不到13岁，而且每个孩子的年龄都各不相同。在1～13这13个数字中，除了某个数字以外，其余的数字都表示某个孩子的年龄。把每个家庭孩子的年龄加起来，得出以下结果：

甲家庭：年龄总数41，包括一个12岁；

乙家庭：年龄总数23，包括一个5岁；

丙家庭：年龄总数21，包括一个4岁。

请问：拉拉属于哪一个家庭？

人和魔鬼

有一个地方的人分为四类：正常人、神志不清的人、正常的魔鬼、神志不清的魔鬼。正常人都说真话，神志不清的人都说假话；对魔鬼来说，正常的都说假话，神志不清的却说真话。

现在你问一个问题，就确定回答者到底是哪一类人，你能做到吗？

513 汽车是谁的

凯特、丽萨和玛丽每人都拥有3辆车：一辆双门、一辆四门、一辆五门。每个人也都分别有一辆别克、一辆现代、一辆奥迪。但是，同一品牌的汽车的门的数量却各不相同：凯特的别克汽车的门的数量与丽萨的现代汽车的门的数量一样；玛丽的别克汽车的门的数量与凯特的现代汽车的门的数量一样；凯特的奥迪汽车为双门，而丽萨的奥迪汽车则有四门。

请问：

① 谁拥有一辆双门的别克汽车？

② 谁拥有一辆四门的别克汽车？

③ 谁拥有一辆五门的别克汽车？

④ 谁拥有一辆五门的现代汽车？

⑤ 谁拥有一辆五门的奥迪汽车？

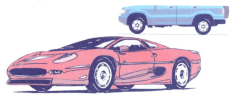

514 外国游客

5位外国游客分别来自罗马、新德里、费城、华盛顿和巴西利亚。请根据下面的谈话分别确认他们各来自哪里？

甲：我曾到过北美洲，但还没有去过南美洲。下个月，我准备去罗马旅游。

乙：去年我曾在费城旅游过，下个月我也要去罗马旅游。

丙：我去年到过费城，它是我去美国的第一站。

丁：我从没有去过费城。我第一次出国旅游。下个月，我要去欧洲或者南美洲。

戊：……

515 凶杀案

某小区一位富翁被杀了，凶手在逃。经过艰苦的侦查之后，警察抓到了A、B两名疑凶，另有4名证人在录口供。

证人张先生说："A是清白的。"

第二位证人李先生说："B为人光明磊落，他不可能犯罪。"

第三位证人赵师傅说："前面两位证人的证词中，至少有一个是真的。"

最后一位证人王太太说："我可以肯定赵师傅的证词是假的。至于他有什么意图，我就不知道了。"

最后警察经过调查，证实王太太说了实话。

请问：凶手究竟是谁？

516 称糖

用一个只能称100克以上物品重量的天平，称3个重量都比50克大但都达不到100克的糖。请问：你用什么办法能准确地称出它们的重量？

517 收藏画

小花、小娟、小叶、小美4人是很好的朋友，她们每个人都有一些灌篮高手的收藏画（数量不同，5~8幅）。有一天，小花送给另外3人中的1人一些收藏画，小娟、小叶、小美也做了同样的事情。结果每人都分别从别人那里得到了收藏画。互相赠送的收藏画数量各不相同，在1~4幅之间。交换后，4人手里的收藏画数量依然不相等。

根据以下条件，请推断最初这4人各有几幅收藏画？每人又给谁多少幅？交换后每人还有多少幅呢？

① 小花最初拿着7幅，送给了小娟几幅。

② 小娟向某人赠送了3幅。

③ 小叶从别人那里得到一幅。

518 白马王子

罗萨公主心目中的白马王子是高鼻子、白皮肤、长相帅气的男士。她认识亚历山大、汤姆、杰克、皮特4位男士，其中只有一位符合她要求的全部条件。

① 4位男士中，只有3人是高鼻子，只有两人是白皮肤，只有一人长相帅气。

② 每位男士都至少符合一个条件。

③ 亚历山大和汤姆都不是白皮肤。

④ 汤姆和杰克鼻子都很高。

⑤ 杰克和皮特并非都是高鼻子。

请问：谁符合罗萨公主要求的全部条件？

519 小鸟吃虫子

在一个虫子不太多的日子里，黄鸟、白鸟、黑鸟、绿鸟4只鸟还是想方设法各自捉到了一条虫子。虫子的长度各不相同，分别是3厘米、4厘米、5厘米、6厘米。以下是4只鸟的话，其中捉到红色虫子的2只鸟的话是真话，捉到黑色虫子的2只鸟的话是假话。

黄鸟："我捉的虫子有4厘米或者5厘米长。"

白鸟："黑鸟捉的虫子是3厘米的红虫子。"

黑鸟："绿鸟捉的虫子是5厘米的黑虫子。"

绿鸟："白鸟捉的虫子是4厘米的红虫子。"

请问：每只鸟分别捉到了多长的什么颜色的虫子？

520 压岁钱

洋洋是一个节俭的孩子。刚过完新年，他就把大人们给他的压岁钱都存进了银行。他的4个兄弟姐妹都很想知道洋洋到底有多少压岁钱。

哥哥说：洋洋有500元压岁钱。姐姐说：洋洋至少有1000元压岁钱。弟弟说：我猜哥哥的压岁钱不到2000元。妹妹说：哥哥的存折上最少有100元。这4个人中，只有一个人猜对了。你能推断出洋洋到底有多少压岁钱吗？

521 花瓣游戏

有两个女孩摘了一朵有着13片花瓣的圆形的花，两人可以轮流摘掉一片花瓣或相邻的两片花瓣。谁摘掉最后的花瓣谁就是赢家，并以此来预测未来的婚姻是否幸福。实际上只要掌握一定的技巧，就能让自己永远都是赢家。

你知道怎样才能在这场游戏中取胜吗？先摘还是后摘？应采取怎样的技巧呢？

522 动物园里的动物们

一日，可可独自一人到动物园里去观赏动物。他只看了猴子、熊猫和狮子三种动物。这三种动物的总数量在26只到32只之间。

根据下面的情况，说说这三种动物各有多少只？

① 猴子和狮子的总数量要比熊猫的数量多。

② 熊猫和狮子的总数量要比猴子的总数多两倍多。

③ 猴子和熊猫的总数量要比狮子数量的三倍还多。

④ 熊猫的数量比狮子数量少两倍多。

523 闹钟罢工后的闹剧

一天，同住一个院子里的小朋友们的闹钟同时罢工，所有人都起得很晚。由于大人都出去了，家里又没有日历，他们就围在一起讨论今天星期几？

小红：后天星期三。

小华：不对，今天是星期三。

小江：你们都错了，明天是星期三。

小波：今天既不是星期一也不是星期二，更不是星期三。

小明：我确信昨天是星期四。

小芳：不对，明天是星期四。

小美：不管怎样，昨天不是星期六。

他们之中只有一个人讲对了，是哪一个呢？今天到底是星期几？

524 3个女儿采花

农夫生有3个女儿，这一家常年靠到山上采花为生。碰巧他的3个女儿除了会采花以外，什么都不会。一天，农夫来检查她们的采花情况，大女儿说她采了一束花，二女儿说她采了2束，小女儿说她采了3束，但她们一共只采了4束花，显然至少有一个人在撒谎。

大女儿说："三妹妹一贯都喜欢撒谎。"

二女儿说："她们都说了谎。"

小女儿说："二姐说谎了。"

请问：她们各采了多少束花？

525 一个关键的指纹

汤姆向欧文斯借了很多钱买了一栋豪华别墅，可现在都快半年了，汤姆还没有还一分钱。欧文斯实在是无法忍受就按响了汤姆家的门铃，找汤姆要钱。两人在争吵过程中动手打了起来。高大的欧文斯用两只手死死地掐住汤姆的脖子，汤姆在挣扎中左手摸到一个锤子朝欧文斯的头砸去。欧文斯随即倒地停止了呼吸。

杀死欧文斯后，汤姆马上把欧文斯的尸体拖到后院掩埋起来，然后擦拭干净所有的血迹，再认真清理了沙发、地板和欧文斯所有可能碰过的东西，不留下一点痕迹。正当他做完这一切的时候，门外响起了急促的敲门声——是欧文斯的两位警察朋友。欧文斯曾交代，如果他在下午还没有回到家的话，就让他的警察朋友来这里找他。尽管汤姆十分镇定，但警察还是不费吹灰之力就找到欧文斯的唯一一个指纹。你知道这个指纹在哪里吗？

526 一共花了多少钱

尼吉太太从超市回来，路过邻居摩尔太太的门口，两人闲聊。尼吉太太说："我用每串30美分的价格买了几串黄香蕉，又用每串40美分的价格买了同样数量的绿香蕉。后来我想了想，就把钱平均分配，分别购买香蕉时，却发现所买的香蕉多了两串。"

"你一共花了多少钱啊？"摩尔太太问。

"就是啊，我一共花了多少钱呢？"

尼吉太太有点糊涂，想不起花了多少钱，你能帮她想出来吗？

527 孪生姐妹

丁丁讲了这样一件怪事：有一对孪生姐妹，姐姐出生在2001年，妹妹出生在2000年。

你说可能吗？丁丁有没有撒谎？

买衣服 528

凯特、吉姆、苏森和乔治来到一家商店选购衣服。售货员介绍道："英雄牌每件90美元，豪杰牌50美元，佳人牌100美元，风华牌95美元。"事后，他们高兴地聊了起来。凯特说："我这件衣服花了90美元。""是吗？"买了佳人牌的人说："我买的比乔治那件价钱要贵。""我选择的是最便宜的一种。"另一个对吉姆说。"而我买的这件比你买的价钱要低一些。"乔治告诉吉姆。根据上述对话，请您判断一下他们4个人分别买的是哪种牌子的衣服？

529 猜扑克牌

桌上有8张已经编号的纸牌扣在上面，它们的位置如图所示：

在这8张牌中，只有K、Q、J和A这四种牌。其中至少有一张是Q，每张Q都在两张K之间，至少有一张K在两张J之间，没有一张J与Q相邻；其中只有一张A，没有一张K与A相邻，但至少有一张K和另一张K相邻。

你能找出这8张纸牌中哪一张是A吗？

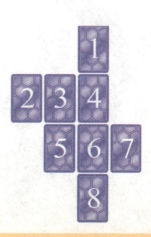

530 4个小画家

方方、莉莉、美美、洋洋 4 个人非常想当画家，她们每个人临摹了一幅名画（分别是"蒙娜丽莎"和"最后的晚餐"）。临摹完成后，她们分别将自己手中的画交给其中一个人，又从别人手里得到画，这样多次循环，每个人手中都有一幅画，而自己画的画在自己手中的只有一个人。

现在只知道洋洋画的是"最后的晚餐"；方方拿着的是"蒙娜丽莎"；拿着方方的画的人，既不是方方也不是洋洋；方方和莉莉临摹了同一幅画；美美和洋洋拿着同一幅临摹的画。

请问：她们各自临摹了哪幅画，交换后拿着的又是哪幅画呢？

531 圣诞舞会

今年的圣诞舞会上，一共有19个人参加。中间休息的时候，罗文先生看到丽莎一个人站在角落里喝酒。参加舞会的人的具体情况如下：

① 有7人是单独一人来的，其余的都是和伴侣一起来的。和伴侣一起来的，或是已订婚，或是已结婚。

② 凡单独前来的女士都没有订婚。

③ 凡单独前来的男士都不处于订婚阶段。

④ 参加舞会的男士中，处于订婚阶段的人数等于已经结婚的人数。

⑤ 单独前来的已婚男士的人数和单独前来的尚未订婚的男士的人数相等。

⑥ 在参加舞会的已经结婚、处于订婚阶段和尚未订婚这三种类型的女士中，丽莎属于人数最多的那种类型。

还没有订婚的罗文先生想知道丽莎属于哪一类型的女士，看他是否还有机会？你知道吗？

532 康乃馨

母亲节快到了，佳佳去花店买了5束康乃馨送给5位母亲。每束花有8朵，有黄的、粉红的、白的和红的，每种颜色都是10朵。为了让5束花看起来各有特点，每束花中不同颜色的花朵数量不全相同，不过每束花中每种颜色的花至少应该有一朵。

下面是5位母亲所收到的花的情况：

张妈妈：黄色的花比其余3种颜色的花加起来还要多；

王妈妈：粉色的花要比其他任何一种颜色的花都少；

李妈妈：黄色和白色的花之和等于粉色和红色的花之和；

赵妈妈：白色花是红色花的两倍；

董妈妈：红色花和粉色的花一样多。

请问：5位母亲各自所收到的花中每种颜色的花各有几朵？

533 火中逃生

美国有一种火灾救生器，其实就是在滑轮两边用绳索吊着两个大篮子，把一个篮子放下去的时候，另一个篮子就会升上来。如果在其中的一个篮子里放一件东西作为平衡物，则另一个较重的物体就可以放在另外的篮子里往下送。假如一只篮子空着，另一只篮子里放的东西不超过30磅，则下降时可保证安全。假如两只篮子里都放着重物，则它们的重量之差也不得超过30磅。

一天夜里，威尼的家里突然发生火灾。除了重90磅的威尼和重210磅的妻子之外，他们还有一个重30磅的孩子和一只重60磅的宠物狗。

现在知道每只篮子都大得足以装进3个人和一只狗，但别的东西都不能放在篮子里。而且狗和孩子如果没有威尼或他的妻子的帮助，自己不会爬进或爬出篮子。

你能想出好办法尽快使这3个人和一只狗安全地从火中逃生吗？

534 谁有钱

在一个灾荒之年，可怜的父亲都要面临断炊了，所以不得不求助于5个都已成家立业的儿子。他不知道哪个儿子有钱，但他知道，兄弟之间彼此知道底细，且有钱的说的都是假话，没钱的才说真话。

老大说："老三说过，我的四个兄弟中，只有一个有钱。"

老二说："老五说过，我的四个兄弟中，有两个有钱。"

老三说："老四说过，我们兄弟五个都没钱。"

老四说："老大和老二都有钱。"

老五说："老三有钱，另外老大承认过他有钱。"

5个儿子中谁有钱，你知道吗？

535 花样扑克

有一个人经常玩扑克牌，而且是变着花样地玩。一天，他摆出做了标记的3张扑克(如图)，扑克正反两面分别画上√或×。他说他可以把这3张扑克给任何人，在不让他看到的情况下选出一张，放在桌上，朝上的是正面或反面都没有关系。只要他看了朝上那面后，就会猜出朝下的是什么标记。猜对了，请对方给他100元；猜错了，他就给对方200元。扑克上√和×占总数各半，也没有其他任何记号。

你觉得他有胜算吗？

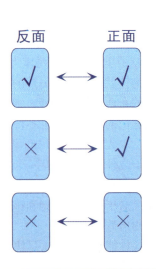

第十部分

解 答 篇

A	B	C	D	E
F	G	H	I	J
K	L	M	N	O
P	Q	R	S	T
U	V	W	X	Y

?

第一部分 创意思维游戏

1．金币与银币

王子可以在装有金币的盆里留1枚金币，把另外9枚金币倒入另一个盆里，这样另一个盆里就有10枚银币和9枚金币。如果他选中那个放1枚金币的盆，选中金币的概率是100%；如果选中放19枚钱币的盆，摸到金币的概率最大是9/19。王子选中两个盆的概率都是1/2，所以，根据前面的两项概率，得出选中金币总的概率是100%×1/2＋9/19×1/2=14/19，这样就远远大于原来未调换前的1/2。

2．放多少糖块

一颗。放了一颗糖块以后，罐子就不是空罐子了。

3．水壶变空

随便你怎么做都可以，比如把水一下子泼在地上。看好了，题目并没有限制这样做。

4．拼11

(1)

(2)

5．反穿毛衣

首先，把毛衣从头上脱下，这样就把它翻了个面，让它的里面向外挂在绳子上。

然后，把毛衣从它的一只袖子中塞过去，这样又翻了个面。现在它正面向外挂在绳子上。

最后，把毛衣套过头穿上，这样就把毛衣的正面穿在前面了。

6．相遇的问题

他们离A地的距离是一样的。因为他们相遇时是在同一个位置。

7．吝啬鬼的把戏

在这笔糊涂账中，关键在于第一次的1元钱已经"变"成了面条，不能再算了。吝啬鬼还应该再付1元钱。

8．让人高兴的死法

这个人选择了"老死"。

9．餐厅的面试题

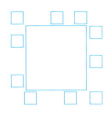

10．熊是什么颜色的(1)

这只熊是白色的。其原因是：

地球不是圆的，而是椭圆的。根据万有引力，离地心越近，地球引力越大。只有在两极，熊才能在2秒钟的时间里下落20米，这在其他的地方是不可能实现的。而南极没有熊，北极只有一种北极熊，所以这只熊当然是白色的。

11. 熊是什么颜色的（2）

这只熊下落的速度这么慢，只能是充气的玩具熊，下落阻力约等于重力，所以要2分钟。而这只玩具熊可以是任何颜色的。

12. 邮票有几枚

每打总是12枚，不会因为面值的变化而变化。

13. 串冰糖葫芦

3种。

14. 焊工的难题

可以加热氧气瓶，使里面的压力升高，氧气就能继续输出。当然，这只是应急之法，因为这样得到的只是剩余的一点点氧气。

15. 糊涂岛上的孩子

今天就是星期天。他们真是够糊涂的，竟然在星期天早晨去上学！

16. 骑马比赛

可以让两个赛手的马交换，这样，两个赛手都想使自己骑着的对方的马跑得快点。把"比慢"变成"比快"，所以比赛很快就结束了。

17. 相连的月份

7月和8月，

12月和1月。

18. 一道既简单又复杂的题

8站。确实很简单吧，但你是不是在费尽心思计算车上还有多少人呢？

注意力是有选择性的，当人们注意某项活动时，心理活动就集中于这一活动，并抑制与这一活动无关的事物。所以，我们在做一件事情的时候，要把注意力集中到主要的任务上，这样才能事半功倍。

19. 母鸡下蛋

蛋当然是朝下落了。

20. 近视眼购物

眼镜框。因为李明是高度近视，一拿掉眼镜几乎看不见东西，如果不戴隐形眼镜，就不能确定购买的眼镜框是否美观、合适。

21. 还剩几只兔子

当然只剩下一只死兔子了。其他兔子都跑了。

22. 洞中捉鸟

可以用沙子慢慢地把洞灌满，这样小鸟就会随着沙子的增多而往洞口外走。

23. 水为什么不溢出来

这可能吗？你可以试试看，把小金鱼放进去，水同样会溢出来。而你是不是在想类似"因为金鱼有鳞片，或者金鱼把水喝到肚子里去了"等答案呢？

这是曾两次获得诺贝尔奖的居里夫人小时候做的一道题。培养我们的创造性思维，不要迷信某种解题技巧，而是要遵循科学规律，亲自动手试一试。

24. 机械表的动力

机械表的动力来自一组扁平的弹簧圈，称为发条，分为手工上弦与自动上弦两种，而自动上弦是依赖自动盘的力量运转的。但是无论哪种机械表，上弦都要靠人来做。所以，机械表的动力是人力。

25. 过独木桥

妞妞的爸爸把两个小孩放进两边的箩筐里，转一个身，两个小孩就互相换了位置，都过桥了。

26. 硬币如何落下

在火柴棒上滴几滴水，使水分沿着木质纤维的导管渗进去。火柴弯曲处的纤维受潮后膨胀，火柴棒自然就会渐渐伸直。这样，硬币就会自动掉进瓶子里去了。

27. 谁在敲门

女人。

28. 互看脸部

"一个面向南，一个面向北站立着"，如果你认为两个人是背对背而立，那就得不到答案了。两个面对对方站立的人，也同样可以一个面向南，一个面向北站立啊。

29. 天气预报

如果事情不是发生在极圈的话，那么就不会出现太阳。因为再过72小时后，就是3个昼夜，又是半夜12点，而夜里是不会出太阳的。

30. 狭路相逢

从南来和向北去是同一方向，他们可以一前一后地过桥。

31. 科学家理发

因为镇上只有两位理发师，这两位理发师必然要给对方理发。科学家挑选的是给对方理出最好发式的那位理发师。

32. 巧分油

让这两只瓶子浮在水面上，将油倒来倒去，直到这两只瓶子浮在水面上的高度相等时，这些油就被均分了。

33. 餐厅的老板多少岁

就是法国人的岁数。题目之所以绕来绕去说这么多，目的是想迷惑你。这就是题目的创意之处。

34. 请病假

圆珠笔如果倒着朝上写字，很快就会写不出字的。

35. 几堆水果

合在一起就只能是一堆了。

36. 极速飞车

无法确定。因为不知道全程是多少。

37. 语文老师的难题

这首诗的谜底是成语"灵机一动"。

38.有趣的字谜

章。

39. 新手司机

从其他3个轮胎上各取下1个螺丝，用3个螺丝去固定刚换下来的轮胎。

40. 不落地的苹果

在线的中间打一个活结，使结旁多出一股线来，从线套中间剪断，苹果不会落下来。

41. 怎么过桥

钢索的总重量虽然很大，但是整个重量是分布在全部长度上的。所以，可以把钢索放在地上，由货车拖着过桥，使分摊在桥上的重量不超过桥的载重量，便可以顺利通过大桥。等过了桥，再把钢索装到车上。

42 小猴的游戏

43. 奇怪的人

他没有双眼，但有一只眼睛。他看到树上有两个苹果，摘下一个并留下一个，所以说他摘下了苹果又留下了苹果。

44. 大力士的困惑

因为他要举起的是他自己。

45. 钱塘江的潮水

这种物理现象，要考虑各方面的问题。在这个问题中，如果考虑水涨船高绳也高的现象，那么潮水是永远都不会淹没第4个绳结的。

46. 反插裤兜

把裤子前后反穿。

47. 奇怪的数字

8(上下一半)。

48. 糊涂的交易

问题出在日期的书写方式不同。美国公司用的日期格式是月/日/年，欧洲供应商用的日期格式是日/月/年，比如，美国公司要求的是2004年7月5日送货，就表示为7/5/04，而欧洲供应商就会把7/5/04的货物在5月7日送达。

49．儿子和爸爸的游戏

可能。爸爸永远都坐不到他自己的腿上。

50．荒谬的法律

不可能。

按照统计规律，全部妇女所生的头胎中男女比例各占一半。如果母亲生了男孩就不能再生孩子，而生女孩的母亲仍然可以生第二胎，比例是男女各占一半。生男孩的母亲退出生育的队伍，生女孩的仍然可以生第三胎。在每一轮比例中，男女的比例都各占一半。因此，将各轮生育的结果相加起来，男女比例始终相等。当女孩们成长起来成为新的母亲时，上面的结论同样适用。

51．月亮游戏

后羿用箭射的当然是太阳，但很多人未经思考就会做出反应，回答说"月亮"。这就是思维惯性的影响。

52．世纪的问题

是20世纪。21世纪是从2001年1月1日开始的。

53．鸡蛋怎么拿回家

乐乐可以把篮球里的气放掉，把球压瘪，使球呈一个碗形，然后把鸡蛋放在里面拿回家。你还有其他更好的方法吗？

54．CD的纹路

一张CD唱片只有一条纹路。

55．喂什么

简单吧，当然是喂草了。而你的朋友很可能会把"喂什么"听成"为什么"，还在千方百计地想"为什么这头牛有两只耳朵、四条腿，还有一条尾巴"。

第二部分 发散思维游戏

56．反身开枪

题目只是说把帽子挂起来，并没有说挂在哪里，当然可以把帽子挂在枪口上，这样就能轻松做到了。

57．图形的奥秘

这是不可能的，如果你不信就自己动手试一试。

58．摆放不规则

这4颗星星连在正方形的三条边上。

59．连点的方法

60．毛毛虫的任务

把纸的一端稍微卷起来紧挨着纸的一面，这样毛毛虫就能顺利地从纸的一面爬到另一面去。当然完成这个任务毛毛虫需要请求别人的帮助。

61. 扩大水池的方法

62. 不能在夜间吃的饭

夜间吃的是晚饭，所以早饭及午饭不能在夜间吃。千万不要想成是馒头、米饭以及稀饭之类的东西。

63. 摩托车比赛

两兄弟交换了彼此的摩托车。

64. 哪个冷得快

温度高的一杯冷得快。不信，你可以亲自试验一下。这就是姆潘巴现象。冷却的快慢不是由液体的平均温度决定的，而是由液体上表面与底部的温度差决定的。热牛奶急剧冷却时，这种温度差较大，而且在整个冻结前的降温过程中，热牛奶的温度差一直大于冷牛奶的温度差。上面的温度愈高，从上面散发的热量就愈多，因而降温就愈快。

65. 10根变9根

用剪刀将图中的平行线沿对角线剪断，把右半部分沿切口往下移一根线，就变成9根了。

66. 测量牛奶

先把牛奶瓶正放，用直尺量出瓶子里牛奶的高度；再把瓶子倒过来，量出从牛奶的液面到瓶底的高度。牛奶在瓶子圆柱形部分占的高度和第二次量的空出部分占瓶子圆柱形部分的高度相加，就是整个牛奶瓶容积的圆柱体高度。这样，就可以用牛奶的高度占整个牛奶瓶高度的百分比算出牛奶占整个瓶子容积的百分之几了。

67. 巧摆硬币

把最右边的那枚硬币叠置于左上角交叉处的那枚硬币上。

68. 倒硫酸

往瓶里放大小不同的玻璃球，使液面升到10升的刻度处，然后往外倒至5升刻度处。这是利用玻璃球不被硫酸腐蚀的特点。

69. 包青天断案

包青天郑重其事地下令将孩子劈成两半，一人一半，来平息纠纷。其中一位母亲说同意，另一位母亲却为孩子求情，不忍将孩子劈成两半，愿意把孩子判给对方。包青天据此断定保全儿子性命的母亲就是孩子的亲生母亲。

70. 戴最大号帽子的人

戴最大号帽子的人是头最大的人，不论在任何地方，答案都是一样的。你千万不要被"寒冷的冬天"、"在北京首都国际机场上"这样多余的条件绕晕了。

71. 取滚珠

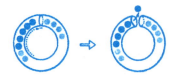

　　如图所示，由于塑料管是软的，可以把塑料管弯过来，使两端的管口互相对接起来，让两颗浅颜色滚珠滚过对接处，滚进另一端的管口，然后使塑料管两头分离，恢复原形，就可以把深颜色滚珠取出来。

72. 古书的厚度

　　3毫米。你的计算是不是把所有的厚度都相加呢？要知道，题目中已经提到了，这是两本线装古书，按照古书的设计，是向右翻页的。所以，从上册封面到下册封底的距离只有1.5毫米＋1.5毫米=3毫米。

73. 汽车和火车同行

　　当竞赛汽车装在火车上的时候。

74. 胜利的秘诀

　　只要第一个拿走桌子上的3枚硬币便一定能赢。

75. 环球旅行家的话

　　正确。由于地球是自转的，6个月前，旅行家在西半球过夏天，那时候广州是冬天。

76. 房子到底在哪里

　　北极或者南极。

77. 相信不相信

　　那件事情就是："你将在方框里写上'否'。"

78. 红豆和绿豆

　　锅里只炒一粒红豆和一粒绿豆就行了。如此简单的问题，为什么很多人想不出答案呢？原因就在于这个问题突破了人们日常的思维定式和思维习惯。所以，我们在以后的工作或学习过程中，一定要打破思维定式，那样，更有创意的想法就会自然而然地冒出来了。

79. 转换方向

80. 胖胖的木墩

　　切6刀。

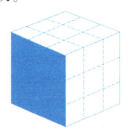

81. 互相牵制的局面

82. 斯芬克斯谜题

答案是人。

早晨，象征人刚出生的时候，是靠腿和手爬行走路的，所以早上起来的时候四条腿；中午象征是人到了中年，是两条腿直立行走的，所以中午两条腿；晚上三条腿就是指人衰老的时候要借助拐杖走路，那么这个拐杖就形成了人的第三条腿，所以晚上三条腿。

83. 喝酒

一个"瓶子"也没有喝。

84. 机器猫的话

地球。在地球上你随便往上空扔一个小石头，它都会回来的。

85. 8根火柴

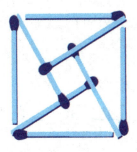

86. 环球旅行

他们说的都不对，因为飞机越过南极和北极之后，就会改变方向。

87. 约翰的体重

完全有可能。最轻的时候是他出生的时候。

88. 熊猫幼崽的任务

89. 美丽的小女孩

世界上又多了一个人。

90. 老猴子的点子

老猴子先让兔子A将蘑菇平均切成两份，然后由兔子B先在两份中挑选一份，剩下的那份就留给兔子A。因为蘑菇是由兔子A切的，这两份在他的眼中当然都是一模一样的。两份蘑菇在兔子B眼中肯定是大小不一样的，所以他挑走了那份他认为比较大的。

91. 鸡与蛋哪个在先

这道题目并没有指明这个蛋一定就是鸡蛋不可。爬虫类在地球上出现的时间比鸡早得多，而且爬虫类也会下蛋，所以地球上是先有蛋。

92. 自驾旅游

有可能。比如：小丁的车先慢下来，然后加大油门加速追赶。

93. 谁的孩子

他们都没错，很可能是你搞错了。第一个人是第二个人的爸爸，第二个人是第一个人的女儿。

94. 没招儿就认输

95. 可以替代的词

可以用"打"字代替。

96. 买东西

直接说出来要买剪刀。你是不是想说用手做剪子状比划呢？错了，因为瞎子会说话，不需要用手比划。

97. 滚动的火柴

火柴从高处落地后会滚动，是因为火柴的形状细长，稍有侧力就会滚动。其实，只需要改变火柴细长的形状就行了。比如把火柴从中间折弯，落地后就不滚动了。

98. 火车在什么地方

毫无疑问，火车应该在铁轨上。

99. 来回的疑问

这道题容易给人造成一种错觉，以为是一个很复杂的问题。其实想一想就会明白80分钟和一小时又二十分钟一样长。

100. 重合的问题

一般说时针和分针重合，是指位置的重合。但题目中指的是"完全一点不差的重合"，时针和分针能达到这个要求吗？所以，不论走多少圈，一次也不会完全重合。

101. 如何过桥洞

只要在船上加些诸如石块等重物，使船下沉1厘米，就可以安全地通过桥洞了。

102. 读书计划

按照计划，第六天读了20页。

103. 车应怎样开

可以倒行汽车3千米。

104. 狗狗赛跑

都不流汗。

狗的皮肤汗腺不发达，所以即使是在大热天或运动之后，也不会出汗。狗经常伸出舌头喘气，让体内部分水分由喉部和舌面排出，这是狗散发体内热量的一种方式。

105. 园丁的妙招

这道题考的是一个创新思维，关键是看你会不会颠倒思考问题，一味地想要把巨石搬到小岩石上。为什么不把小岩石放在巨石下方呢？新来的园丁指挥大家用铲子挖开巨石下方的土壤，把一些150千克左右的小岩石放进去就可以了。

106. 巧移火柴

$$9 \times 9 - 20 = 61$$

第三部分 想象思维游戏

107. "二"的妙用

夫	井	开	王
丰	毛	牛	手
天	午	五	元
云	月	仁	无

108 鸡蛋不破

可以。只要将鸡蛋的高度拿到1米以上，然后让鸡蛋自由下落，当它下落了1米的时候，并没有碰到地面，当然不会破。

109. 生日蛋糕如何分

舅舅的要求其实就是"太极图"的画法。

110. 分辨生熟鸡蛋

旋转鸡蛋，容易转起来的是熟的，而很难旋转的是生的。因为，煮熟的鸡蛋蛋白和蛋黄是一个整体，容易转动，而生鸡蛋的蛋黄和蛋清是液体，所以转起来比较困难。

111. 古铜镜是真的吗

公元前四十二年的时候，这个概念还没有产生；汉字的公元纪年到20世纪才出现。在使用公元纪年前，是使用帝号纪年和干支纪年。

112. 谁在挨饿

不对。动物园里有2只幼熊。

113. 哪一杯是水

往杯里面加几滴水，看水滴是否和上层的液体混合在一起，能混合的即为水。

114. 激发想象力

毫无疑问，答案应当是"水"，这是智力正常的人都知道的。可是，大多数人在被问到这个问题时却会错误地说"牛奶"。本题看上去与上题差不多，其实这里不是思维惯性，而是想象力给人的误导。

115. 为什么不让座

公交车上有空座位。

116. 巧切西瓜

横着切一刀，竖着切一刀，再水平切一刀，这三刀就把西瓜切成了8块；再在靠近西瓜中心的位置再斜切一刀，在8块中，这一刀可以切成7块，这样就成了15块。

117. 有多少土

既然是一个洞，怎么会有土？所以，洞里没有土。

118. 飞行员的姓名

这位飞行员的名字就是"你"的名字。

119. 黑夜看报

这个人是一个盲人，他看报是用手来"看"的。

120. 翻硬币

无论翻动多少次，都不能使硬币的国徽一面都朝上。

121．最先到达的地方

以上皆不是，冒险航海绕地球的是麦哲伦。

122．外国人与中国人

是这个外国人到中国来了。

123．火柴棒难题

124．穿越森林

最多走进森林的一半，因为再往前走就不是"走进"，而是"走出"了。

125．摔不伤的人

虽然是20层的大楼，但没有说那个人是从哪一层的窗户往下跳的，可以从20层大楼的第一层的窗户往下跳，这样就不会摔伤。

126．还有几条活蚯蚓

有7条蚯蚓，因为被切为两段的蚯蚓都活着。

127．究竟出了什么问题

医生也可能生病，精神科医生也可能去找内科医生看病啊！

128．到底是星期几

星期三。首先你要弄清楚今天是星期一，才能判断后天是星期几。

129．先喝到杯底的饮料

把吸管直接插到瓶底，这样就能先喝到瓶底的饮料了。

130．快速反应

是8。圆形是1条线，而八边形是8条线。

131．油漆的颜色

他应该到商店买黄色的油漆。你可能会想到用红、绿、蓝3种颜色的油漆调制出黄色，但是红、绿、蓝3种颜色油漆的组合，是不可能调出黄色油漆的。红、黄、蓝才是颜料的三原色，而红、绿、蓝则是光线的三原色。

132．烤饼

假设3张饼分别为1、2、3，烤饼的具体步骤为：

先将1和2两张饼各烤一分钟，然后把1饼翻过来，取下2饼，换成3饼；一分钟后，取下1饼，将2饼没有烤过的一面贴在烤锅上，同时将3饼翻过来烤。

133．有多少水

把桶半倾斜，如果水盖不住桶底又没有溢出来，说明少于半桶；如果持平，则刚好是半桶；如果水溢出来，则说明水多于半桶。

134．最后的赢家

应该先在桌子的正中心放一个硬币，之后无论对方怎么放，你只要在对称的地方放上硬币，直到对方无法放置，你就赢了。

不管换成什么桌子，只要它的形状具备上下左右的对称性，你先把硬币放在桌子的正中间就能赢。

135. 冰上过河

有两种办法：一是清除河面上的积雪，使寒冷传至冰层以下；二是在冰面上浇水。

136. 喝了多少杯咖啡

一杯咖啡。

137. 两岁山

当地人把前边的"12"看作一年的12个月，把后边的"365"看作一年的365天。前后加起来，正好是两岁。

138. 取出药片

很简单，只要把瓶塞按到药瓶里面去，就可以取出药片了。

139. 蜡烛燃烧了多长时间

两支蜡烛各点燃了3小时45分钟。

140. 分衣服

把衣服放在太阳下晒，黑色更吸光，温度更高些。所以热一些的是黑衣服。

141. 发现蓝宝石

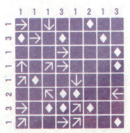

142. 过桥洞

只要给汽车轮胎放气，让汽车的高度降低1厘米，就可以安全地通过桥洞了。

第四部分 观察思维游戏

143. 不成立的等式

$$7+1-4=4$$

144. 流动的竖线

虽然我们看起来这些线段的长度是有差别的，但所有的线段长度确实都是相同的。

145. 找关系

1，3，8，7注音都是一声；2，4，6注音都是四声；5，9注音都是三声。不要看到数字就想到要用数学的解题方法来解决。

146. 黑度的区别

左边的黑度与右边的黑度是一样的。"模糊"可以给人在感觉上改变事物的本身的色度。

147. 一笔成图

1，2，3可以一笔画出来，4，5，6不能一笔画出来。

148. 拼积木

如图：

149. 立方体问题

D图不属于同一个立方体。

150. 路线图

151. 微笑的女人

女人的眼睛画错了，上睫毛短，下睫毛长，嘴巴的上唇和下唇颠倒过来了。

152. 残缺变完整

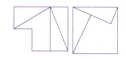

153. 谁不一样

钳子。其他都是锯状物。

154. 聪明的柯南

大侦探很容易就能使他们分开。他的助手用双手抓住柯南的绳子，使他的绳子在他助手的另一侧形成一个松弛的绳圈，然后他把绳圈塞入助手手腕上的套索中。这时发现，要使绳圈不扭曲，只能穿过一只手腕。然后他把绳圈绕过助手的手指。当他把绳圈绕过助手的手并从套索中拉出后，他们就自由了。

155. 反方向运动的猪和鱼

猪：2根，鱼：3根。

156. 三分土地

增加7根火柴。

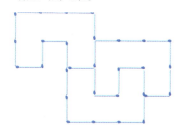

157. 贪心的老鼠

老鼠从第8扇门进去，这样能一次吃完所有点心且路线不重复。其路线如下图：

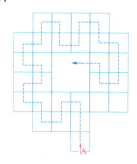

158. 联邦调查局的难题

这位新来的助手将这份密函水平端起来，闭上一只眼睛，斜斜地看着图形，发现有"HELLO"的字样。

159. 平分遗产

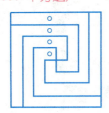

160. 不和谐的邻居们

161. 考考你自己

1和9。

B+D=E；E−A=C。

162. 划分区域

7	1	4	4	4	3
3	5	5	3	5	2
5	5	1	3	5	3
1	4	3	2	0	5
3	0	4	5	6	4

163. 巧手剪纸

164. 圆点不见了

将右眼闭上，只用左眼注视▲。

165. 奇妙的莫比斯环

1个大环和1个小环套在一起。

166. 排位问题

他们的顺序依次是：戊、丙、己、丁、甲、乙。

167. 一笔勾图

最多只能是一个，，因为你画出第一个图后，就必须再拿起笔才能画第二个。

168. 和值最大的直线

8	1	6
3	5	7
4	9	2

169. 两位数学老师

这个等式是9×9=81，但从不同的方向看就会看出不同的答案，另一个老师看的就是18=6×6。

170. 测试你的观察力

善于观察的人会发现这是电脑键盘最左边的字母排列顺序，答案自然很容易就知道了。

171. 歪博士的考题

原来的25颗棋子不动，只需要把新加的5颗棋子像下图那样与别的棋子重叠就可以了。

172. 该填什么数字

3。互为对角部分的数字之和等于11。

173. 阿拉伯人的头巾

11个。

174. 愚昧的贵妇人

工匠师只要在水平一排的两端各偷走一颗钻石，再把最底下的一颗钻石移到顶上，就可以蒙骗住愚昧的贵妇人。

175. 14个正三角形

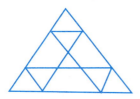

176. 奇形怪状的木板

177. 缺少什么数字

6。最后一行是上两行的平均数。

178. 围墙

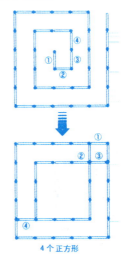

4个正方形

179. 走围城

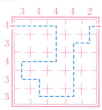

180. 2变8

两根火柴的都是四方体的，把一跟

202

火柴的尾部和另一跟火柴的尾部对齐，然后把其中一根转45度，于是错开的尾部截面形成了8个三角形。

181. 数学天才的难题

七边形上每个边的数字之和为26。

182. 复杂的表格

26。第一列数乘以第二列数，再加上第三列数，等于第四列数。

183. 猜猜我是谁

"我"是一只狗。狗可以吓跑欺负主人和主人的朋友的人，但它却害怕人拿砖头。

184. 数学方块游戏

185. 考眼力

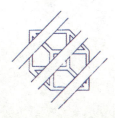

186. 顽皮的猫

从3和4~9和10之间裂开的。

187. 数字哑谜

16。

□=4，　◇=7，

△=6，　▽=5。

188. 补充六线星形

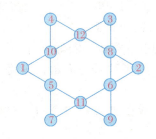

189. 举一反三

34。用正方形的斜对角组成的数相减，所得出的数就是正方形中间的数。99－65＝34。

190. 找规律

它们应该是按这样的顺序排列的：1，1，2，3，5，8，13，21。

很明显可以看出，前两个数之和等于后一个数，这就是世界上有名的斐波纳契数。

191. 神奇的折纸

你可以从长的一边剪开约1/3，向下折，把它折在反面，剩下的就容易了。是不是很简单？

192. 摆三角形

很简单，完全可以摆成一个三角

形。题目并没有要求3根木棒必须首尾相接。

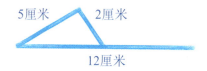

尾相接就可以连成一个金链圈。

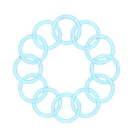

193．切正方形

一个正方形切去一个角，有3种切法，会出现3种情况：

①切去一个角，得到5个角；

②切线通过另一个角，则得到4个角；

③切线通过另外两个角，只剩3个角。

194．镜子里的影像

判断左右是人的一种视觉习惯。实际上，视觉分辨左右和分辨上下的概念不同。当人侧身躺下时，令头的方向为右，脚的方向为左，那么你会发现，原本在腹部"右边"的头，在镜子中则变成了在腹部的"左边"。

195．错位的眼睛

如果你用直尺测量一下，会发现这个人的眼睛并没有错位，是因为我们的视觉受到了环境的影响。这就是观察的趣味之处。

196．开环接金链

只要打开3个环。随便你打开哪3个环，只需要将3个环和其他的金链首

197．倾斜的线条

这就是著名的倾斜感应。尽管竖直的线条看起来有点朝外倾斜，但它确实没有倾斜。斜线会引起我们方向感的错觉，使倾斜的感觉变得更强烈。

198．角度排序

所有的角都是90度直角，不信的话你可以用量角器测量一下。而在我们的感觉中，红角看上去要大一些，绿角看上去则要小一些。

199．大于3，小于4

200．巧划分(1)

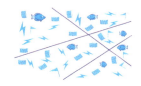

201. 巧划分（2）

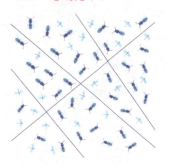

202. 火柴变形

203. 系绳子

把蓝绳分别系在红、黄绳子的两头。

204. 聪慧的木匠

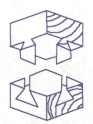

205. 取代图形

B。正如图2是图1垂直翻转180度再顺时针旋转90度一样，B和图3也具有这样的关系。

206. 哪个与众不同

A。你只需把图旋转就会发现B、C、D是同一个图形。

207. 哪个是另类

(2)是另类，其余的字母都有1条斜线或者没有斜线，但(2)有2条斜线。

第五部分 分析思维游戏

208. 什么骗了你

(1) 大小相等。
(2) 长短相等。

209. 孤独的星星

最上面的黄色星星。因为其他的同色星星都可以分别成为正三角形。

210．吃樱桃

211．求婚的门槛

所罗门王画的图案中一共有31个不同的等边三角形。

212．复杂的图形

15个正方形，72个三角形。

213．只剩5个正方形

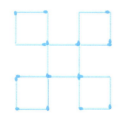

214．台历日期

这3个日期分别是星期二、星期三、星期四，假设星期三的日期为X，则(X−8)+X+(X+8)=42。这样可以得出X=14。所以这三天应该是 6号、14号、22号。

215．转动的距离

小圆滚2圈的距离等于大圆的周长。所以答案为2圈。里圈和外圈答案一样，因为距离没有变。

216．和为18

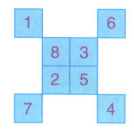

217．火柴游戏

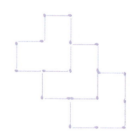

218．奇怪的现象

5小块图形中最大的两块对换了一下位置之后，被那条对角线切开的每个小正方形都变得高比宽大了一点点。这意味着这个大正方形不再是严格的正方形。它的高增加了，从而使得面积增加，所增加的面积恰好等于那个方洞的面积。

219．多多家的小鸭子

把其中的4根木条都截成原来木条长度的一半，然后放在平面上拼起来。如下图。

220．糟糕的台历

星期六。

221. 问号处该填什么

这张图里的3种图案排列，由里到外形成一个旋涡状，排列的顺序依序如图所示：

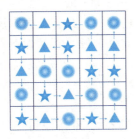

222. 有趣的棋盘

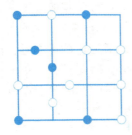

223. 母鸡下蛋

母鸡能在格子里下12只蛋。

224. 魔方的颜色

6个小立方体一面是绿色；12个小立方体两面是绿色；8个小立方体三面是绿色；没有小立方体四面是绿色；1个立方体所有的面都没有绿色。

225. 陌生的邻居

226. 爱因斯坦的谜题

挪威人住黄屋子，抽Dunhill，喝水，养猫；

丹麦人住蓝屋子，抽Blends，喝茶，养马；

英国人住红屋子，抽Pall Mall，喝牛奶，养鸟；

德国人住绿屋子，抽Prince，喝咖啡，养鱼；

瑞典人住白屋子，抽Blue Master，喝啤酒，养狗。

所以答案是：德国人养鱼。

227. 看图做联想

这些物品都是成对出现的。

228. 找伙伴

229. 地图

当你走到只有左转或者右转两种选择的T字路口时，只要左转就行了。

230. 消失的颜色

绿色。 这些圆圈的排列顺序一开始是红色，接下来的是黄——蓝——绿，然后以此顺序排列。

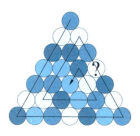

231. 如何种树

按下图的栽法，可使得16棵树形成15行，每行4棵。

232.不湿杯底

把杯子倒着放进水里，这时由于杯子里面充满了空气，由于空气压力，水就不会流进去，杯子底部也就不会被弄湿了。

233.掌心里的洞

你会发现好像左手的掌心有一个洞。这是一个错觉。

右眼只是看到了纸筒的里面，而左眼却看到一只平平的手掌。而每只眼睛所接受的影像，都将在大脑里聚合成为一个立体影像，正像你所看到的那样。

234.找不同

右上角的符号和其他符号不一样，因为它是黄色的，而其他是红色的。左上角的符号和其他的不一样，因为它是1，而其他是2。左下角的符号也不一样，因为它是正方形，而其他符号是圆形。因此，右下角的符号才是真正不一样的，因为它没有"不一样"的地方。

235. 区别在哪里

这两个不同的地方是：(1)帽子上的小花的色彩不一样。(2)她们被画在这一页的不同位置。

236.一步之差

第一种方法是：3 = 2 2 / 7，但π =22/7更接近正确答案。

237.暗藏陷阱的宝藏图

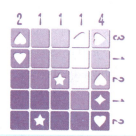

238. 丢失的稿件

丢失的是7~8页，13~14页。

239. 变三角形

240. 变字游戏

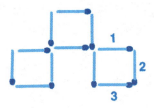

241. 三个数

1×2×3=6，
1+2+3=6。

242. 自制扇子

243. 最后的弹孔

最后一枪的弹孔是C。后发射的子弹是射在玻璃上的，子弹被前面击碎的玻璃裂纹挡住停下。按顺序查一下，就知道子弹发射的顺序是D、A、B、C。

244. 有趣的类比

8。图中的方格被编以1到9之间的号，从左上角开始，先从左到右，再从右到左，最后又从左到右。

245. 兔子的食物在哪里

246. 冬天还是夏天

左图是夏天画的。因为夏天11点钟时太阳处于屋顶上方，照射进屋里的光线面积小。右图是冬天画的。

247. 复杂的碑文符号

这个图可以经过13个转折一笔画成：

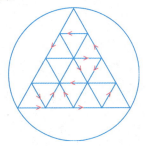

248. 字母逻辑

Z应该是黑色。因为所有的黑色字母都能一笔写完，白色的字母就不能。

249. 填色游戏

250. 魔术阶梯

施罗德阶梯为你提供一个有用的信息：你要将卡片中的6和9倒过来放。这样，卡片就能形成连续数字(9，10，11，12，13)。

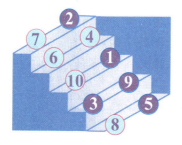

251. 迷路的兔子

这只是正确答案的一种，你可以发挥想象力帮兔子小姐设计路线。

252. 多少个等边三角形

35个。你是不是有遗漏呢？

第六部分 演算思维游戏

253. 过河

9次。因为他们每次都要有一个人把船划回来。

254. 井底之蛙

8次。不要被题中的枝节所蒙蔽，每次跳上3米滑下2米实际上就是每次跳1米，因此10米花10次就可全部跳出，这样想就错了。因为跳到一定时候，就出了井口，不再下滑。

255. 粗心的管理员

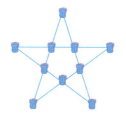

256. 多少只羊

本题载于我国明代著名数学家程大位的《算法统宗》一书上。

（100－1）÷（1＋1＋1/2＋1/4）=36只。

257. 三只桶的交易

先从大桶中倒出5千克油到9千克的桶，再从大桶里倒出5千克油到5千克的桶里，然后把5千克桶里的油将9千克的桶灌满。现在，大桶里有2千克油，9千克的桶已装满，5千克的桶里有1千克油。

再将9千克桶里的油全部倒回大桶里，大桶里有了11千克油。把5千克桶里的1千克油倒进9千克桶里，再从大桶里倒出5千克油，现在大桶里有6千克油，而另外6千克油也被换成了1千克和5千克两份。

258. 移数字

将102改为10的2次方。

259. 巧填算式

① $2 + 3 \times 4 + 5 \times 6 + 7 \times 1 = 51$

② $5 + 6 \times 7 + 1 + 2 - 3 + 4 = 51$

③ $6 \times 7 + 1 + 2 - 3 + 4 + 5 = 51$

260. 断开的风铃花

因为并没有要求绳子是直的，所以可以用5个风铃花连成一个圈。

261. 文具的价格

假设铅笔=X，钢笔=Y，圆珠笔=Z，橡皮=Q，可以得出：

$2Z + 1Q = 3$ (1)

$4Y + 1Q = 2$ (2)

$3X + 1Y + 1Q = 1.4$

把(1)×1.5，把(1)÷2，可以得出：

$3Z + 1.5Q = 4.5$

$2Y + 0.5Q = 1$

$3X + 1Y + 1Q = 1.4$

把三者加起来就是：

$3X + 3Y + 3Z + 3Q = 6.9$，由此可得：

$X + Y + Z + Q = 2.3$(元)

262. 如何摆麦袋

至少移动5个麦袋，麦袋的摆放次序是：2，78，156，39，4。

263. 共有多少只蜜蜂

一共有14641只蜜蜂。

第一次搬兵：1+10=11(只)

第二次搬兵：

$11 + 11 \times 10 = 11 \times 11 = 121$(只)

第三次搬兵：……

一共搬了四次兵，于是蜜蜂总数为：$11 \times 11 \times 11 \times 11 = 14641$(只)

264. 水多还是白酒多

一样多。第二次取出的那勺水，因为它和第一勺体积相等，都设为a。假设这勺混合液中白酒所占体积为b，那么倒入第一杯白酒的水的体积为a－b。第一次倒入水的白酒为a，第二次舀出b体积白酒，则水里还剩a－b体积白酒。所以白酒杯里的水和水杯里的白酒一样多。

265. 买鸡卖鸡赚了多少钱

第一次9元钱卖掉时赚了1元，第二次11元卖掉时又赚了1元。总共是2元。

266. 换啤酒

先买161瓶啤酒，喝完以后用这161个空瓶还可以换回32瓶（161÷5=32……1）啤酒，然后再把这32瓶啤酒退掉，这样一算，就发现实际上只需要买161－32=129瓶啤酒。

可以检验一下：先买129瓶，喝完后用

其中125个空瓶（还剩4个空瓶）去换25瓶啤酒，喝完后用25个空瓶可以换5瓶啤酒，再喝完后用5个空瓶去换1瓶啤酒，最后用这个空瓶和最开始剩下的4个空瓶去再换一瓶啤酒，这样总共喝了：129+25+5+1+1=161瓶啤酒。

267. 如何称糖

两个砝码放左边，右边放糖，平衡后把左边的砝码换成糖，左边应该是1千克的。

268. 猎人的收获

0只。"6"去掉"头"，"8"去掉半个，"9"去掉"尾巴"，结果都是"0"。

269. 守财奴的遗嘱

从末尾开始，最小的儿子得到的金条数目，应等于儿子的人数。金条余数的1/7对他来说是没有份的，因为既然不需要切割，在他之前已经没有剩余的金条了。

接着，第二小的儿子得到的金条，要比儿子人数少1，并加上金条余数的1/7。这就是说，最小儿子得到的是这个余数的6/7。从而可知，最小儿子所得金条数应能被6除尽。

假设最小的儿子得到了6根金条，那就是说，他是第六个儿子。那人一共有6个儿子。第五个儿子应得5根金条加7根金条的1/7，即应得6根金条。

现在，第五、第六两个儿子共得6+6=12根金条，那么第四个儿子分得4根金条后，金条的余数是12÷（6/7）=

14，第四个儿子得4+14/7=6根金条。

现在计算第三个儿子分得金条后金条的余数：6+6+6即18根，是这个余数的6/7，因此，全余数应是18÷(6/7)=21。第三个儿子应得3+（21/7）=6根金条。

用同样方法可知，长子、次子各得6根金条。我们的假设得到了证实，答案是共有6个儿子，每人分得6根金条，金条共有36根。

有没有别的答案呢？假设儿子数不是6，而是6的倍数12。但是，这个假设行不通。6的下一个倍数18也行不通，再往下就不必费脑筋了。

270. 难解的债务关系

只要让乙、丙、丁各拿出10元钱给甲就可以了，这样只动用了30元钱，否则，每个人都按照顺序还清的话就要动用100元钱。

271. 列算式

9×8+7-6+5×4+3×2+1=100
此外还有另一种算式：
9×8+7+6+5+4+3+2+1=100

272. 和尚分馒头

你可以用"编组法"。由于大和尚一人分3个馒头，小和尚3人分一个馒头。合并计算，即是：4个和尚吃4个馒头。这样，100个和尚正好编成25组，而每一组中恰好有1个大和尚，所以我们可立即算出大和尚有25人，从而可知小和尚有75人。

100÷(3+1)=25，100-25=75。

212

273．运动服上的号码

他运动服上的号码是1986。

274．等于100

①1＋2＋3＋4＋5＋6＋7＋8×9=100

②123－45－67＋89=100

275．老钟

36分钟。

对于老钟来说，从3点到12点，实际需要的时间是9×64分钟；如果目前是12点，则已经过了9×60分钟，所以还需36分钟。

276．什么时候相遇

1分钟后。

277．关于"5"的创意算式

1=55÷55

2=5/5+5/5

3=(5+5+5)÷5

4=(5×5−5)÷5

5=5+5×(5−5)

6=55÷5−5

278．问题时间表

亮亮把时间进行了重复计算。举一个很简单的例子，在他暑假的60天里，他把用餐和睡觉的时间既计入了暑假的时间，又分别计入了全年的用餐时间和睡眠时间。

279．答案为1

＋29，×7，−94，×4，

−435。

（29×7−94）×4−435=1。

280．冷饮花了多少钱

冷饮花了5角。

281．神奇的数字

(1+2)÷3＝1

1×2+3−4＝1

[(1+2)÷3+4]÷5＝1

[(1×2+3−4)+5]÷6＝1

{[(1+2)÷3+4]÷5+6}÷7＝1

{{[(1×2+3−4)+5]÷6}+7}÷8＝1

282．多少岁

这个人去世时18岁。因为年号里没有称为0年的年，而生日前一天或者后一天之差，在年龄上就差一岁。

283．惨烈的尖叫

这是一个看起来复杂其实很简单的问题。作案时间是12:05分。计算方法很容易，从最快的手表(12:15分)中减去最快的时间(10分钟)就行了。或者将最慢的手表(11:40分)加上最慢的时间(25分钟)也可以得出相同的答案。

在分析问题的时候，最重要是找到解决思路，把看似复杂的问题分解成简单的部分处理。

284．找到隐藏的数

3581，7162。

285．阿凡提为什么不害怕

水面一点也不会升高，因为冰块

融化成水的体积正好是它排开水的体积。

286. 牛奶有多重

牛奶的一半重3.5-2=1.5千克，牛奶重1.5×2=3千克，瓶子重3.5-3=0.5千克。

287. 山羊吃白菜

9分钟。一只山羊吃掉一棵白菜需要6分钟，所以，吃掉一棵半的白菜需要9分钟。半只山羊是不会吃东西的。

288. 如何胜券在握

他应该先放空枪。他如果先射击"枪神"，打中的话，"枪怪"就会在2枪之内把他打死；如果先射击"枪怪"，射中的话，枪神会一枪就要了他的命。如果先射"枪怪"而未中，"枪神"就会先射"枪怪"，然后对付莱特。假如射中了"枪神"，"枪怪"赢莱特的概率是6/7，而莱特赢的概率是1/7。

假如先放空枪，莱特下一步要对付的就是其中一个人了。如果"枪怪"活着，莱特赢的概率是3/7。如果"枪怪"没打中"枪神"，"枪神"就会一枪打中他，此时莱特的胜算是1/3。

莱特先放空枪，他的胜算会提高到约40%，而"枪神""枪怪"的胜算是22%、38%。

289. 玻璃瓶里的弹珠

这个玻璃瓶里装有8种颜色的弹珠，如果真的算你倒霉的话，最坏的可能性就是前8次摸到的都是不同颜色的弹珠，而第九次摸出的任何颜色的弹珠，都可以与已摸出的弹珠构成"同色的两个弹珠"。所以最多只需要取9次。

290. 紧急情报

最少需要3人。

291. 分橘子

在帮丙必须打扫的3天中，甲多打扫2天，即2/3；乙多打扫1天，即1/3。因此，甲家得6千克橘子，乙家得3千克橘子。

292. 镜子的游戏

18和81，29和92。

293. 3位不会游泳的人

他们要往返6次：

第一次，两个孩子乘小船到对岸，由一个孩子把船划回3个人所在地方（另一个小孩留在对岸）。

第二次，把船划过来的孩子留在岸上，一个人划小船到对岸登陆。在对岸上的孩子把船划回来。

第三次，两个孩子乘船过河，其中之一把船划回来。

第四次，第二个人坐船过河。小船由小孩划回来。

第五次，同第三次。

第六次，第三个人过河。小孩把船划回来。所有人都顺利到达对岸。

294. 值多少

狗＝12，马＝9，鸟＝5，猪＝7。

295. 和为99

9＋8＋7＋6＋5＋43＋21＝99

9＋8＋7＋65＋4＋3＋2＋1＝99

296. 属相与概率

5个人。属相一共有12个，假设答案是2个人时，拥有不同属相的概率是12/12×11/12＝92%。而3个人拥有不同属相的概率是12/12×11/12×10/12＝76%。以此类推，当人群中有5个人时，拥有不同属相的概率是38%，降到了50%以下。5个人拥有不同属相的概率是38%，那么其中最少有2个人是相同属相的概率就是62%。

297. 卡片游戏

此题解答的关键是把"6"这张卡片颠倒过来变成"9"，这样就是"1"，"2"，"9"。

298. 聪明律师的难题

那位寡妇应分得1000元，儿子分得2000元，女儿500元。这样，遗嘱人的遗愿就完全得到履行了，因为寡妇所得恰是儿子的一半，又是女儿的两倍。

299. 小猫跑了多远

小猫跑了5000米。小猫的奔跑速度是不变的，只需要知道小猫跑了多长时间，就可以计算出它的奔跑路程。而同同追上苏苏用了10分钟，因此小猫跑了5000米。

300. 著名作家的生卒年

该作家生于1814年，死于1841年。

301. 电话号码

新号码是8712。

302. 古董商的交易

他赔了5元。假设甲古币收购时花了A元，乙古币B元，那么，A（1＋20%）＝60，得A＝50，B＝75，A＋B＝125，因此赔了5元。

303. 剧院的座位安排

男子17人，女子13人，小孩90人，一共刚好120人。

304. 失算的老师

实际上是办不到的。因为安排座位的数字太大了。它需要10×9×8×

7×6×5×4×3×2×1＝3628800天，这个数字的天数相当于10000年。

305. 天平称重

31种。可以称1克～31克中的任何一个重量。该题为组合问题，5选1有5种，5选2有10种，5选3有10种，5选4有5种，5选5有1种，合计为31种。

306. 不会算数的顾客

5枚2分的邮票，50枚1分的，8枚5分的，加起来正好是1元。

307. 自作聪明的盗贼

假如100这个数可以分成25个单数的话，那么就是说这些单数的和等于100，即等于双数了，而这显然是不可能的。

事实上，这里共有12对单数，另外还有一个单数。每一对单数的和是双数——12对单数相加，它的和也是双数，再加上一个单数不可能是双数，因此，100块壁画分给25个人，每个人都不分到双数是不可能的。自首的盗贼出这一招是想嫁祸给他的手下，好让自己一人私吞赃物。

308. 烟鬼戒烟

40支。

309. "鬼迷路"

实际上，这些人走了一个圆。人走路时，两脚之间有一定的距离，大约是0.1米，每一步的步长大约是0.7米，由于每个人两脚的力量不可能完全一致，因此迈出的步长也就不一样，若在白天要沿直线行走，我们会下意识地调整步长，保证两脚所走过的路程一样长。当在夜间行走辨不清方向时，就无意识调整步长，走出若干步后两脚走的长度就有一定差距，自然就不是沿直线行走，而是在转圈，这就是"鬼迷路"现象。

310. 最简单的算式

① 111－11＝100；
② 33×3＋3÷3＝100。

311. 匪夷所思的数

任何数。这个奇妙的组合算出来的数遮住后面的"00"，得到的永远都是最初的数。

312. 只收半价

不能答应。假设两匹布就只值20元钱，一匹布就值10元，如果是半价，那两匹布就只值10元钱，一匹布也就值5元钱。5元钱是不能抵消两匹布的半价的10元钱的。

313. 4个4

$$(4+4)÷(4+4)=1$$
$$4÷4+4÷4=2$$
$$(4+4+4)÷4=3$$
$$(4-4)÷4+4=4$$
$$(4×4+4)÷4=5$$

314. 风吹蜡烛

燃着的蜡烛最终将燃尽。所以，最后只能剩下5根被风吹灭的蜡烛。

315. 鸡兔各有几只

设鸡有x只，则兔有(36－x)只，由题意，得 2x＋4(36－x)＝100。

解之，得x＝22，鸡有22只，兔有36－22＝14只。

316. 出去多长时间

假设分针速度为1，则时针速度就为1/12。依题意，小强回来时，分针共比时针多走了110度＋110度＝220度，相当于220÷30=22/3(大格)，所以有：(22/3)÷(1−1/12)=8(大格)。8×5=40(分钟)，即小强出去了40分钟。

317．好客的花花

有6个客人，27颗棉花糖，当然前提是她自己不能吃。

318．分糖果

从上面的数据可以知道，女孩的分配比例应为9:12:14。因此，770颗糖果的分法如下：大姐分到198颗，二姐分到264颗，小妹分到308颗。

319．谁胜谁负

让你的朋友先说，你所说的数加上你的朋友说的数值刚好等于11。依次类推，等你们所说的数值总和达到99的时候，即使你的朋友说"1"，他也会输。

320．用多少时间

32小时。这个洞的容积是第一个洞的8倍。因此12个人来挖的话需要的时间是原来的8倍，6个人来挖就需要原来的16倍。

321．各有多少条鱼

在数字中，除了0外，只有1和8照出来依旧是本数，于是知道两种鱼条数的积是81，因为81在镜子里是18，正好是9+9。由此可知，五彩神仙鱼、虎皮鱼的数目各是9条。

322．"8"的奥秘

88×8+8+88=800。

323．超标的药丸

从6个瓶子里分别取出11、17、20、22、23和24粒药丸来，然后放在一起称一次就可以知道问题出在哪几瓶里。比如：称重之后超重53毫克，而这6个数字能构成53的组合只有一种，即：11+20+22。因此，问题就出在第1瓶、第3瓶和第4瓶。

324．最大的整数

27。(4÷2+5−4)×9=27。

325．花最少的钱去考察

甲买一张经由南极到B市的机票，乙买一张经由南极到A市的机票，当他们两人在南极相会的时候，把机票互换一下，这样他们只花了800美元就到了自己的城市。

326．秘密行动

本杰伦的失误在于没有考虑到火车本身的长度。30秒是火车头进入隧道到驶出隧道的时间，但是车身还在隧道中，火车实际完全驶出隧道的时间为45秒。所以，炸药爆炸的时候只炸断了铁轨，对火车本身并没有造成太大影响。

327．会遇到几艘客轮

从香港开往费城的客轮，除了在海上会遇到13艘客轮以外，还会遇到2艘：一艘是在开航时候遇到的从费城开过来的客轮，另一艘是到达费城时遇到的正从费城出发的客轮，所以，加起来一共是15艘客轮。

328. 坐哪一辆车

哪辆车先来就乘坐哪一辆，因为价钱都一样，而且间隔时间也不长，没有必要走一站地再坐车。

329. 撕日历

第一张是2号，最后一张是10号。

330. 叠纸游戏

A。这叠纸的厚度将达到3355.4432米，有一座山那么高。

331. 猜年龄的秘诀

这是一个通用的式子。把最后的数字扣掉365，百位数与千位数就是你的出生月日，剩下的十位与个位数就是你的年龄。

332. 几个酒徒比酒量

一共有6个酒徒。

333. 胡夫金字塔有多高

挑一个好天气，从中午一直等到下午，当太阳的光线给每个人和金字塔投下阴影时，就开始行动。在测量者的影子和身高相等的时候，测量出金字塔阴影的长度，这就是金字塔的高度，因为测量者的影子和身高相等的时候，太阳光正好是以45度角射向地面。

334. 钱币没收一半

商人最初就只有两个钱币。

335. 消失的1元钱

付账的钱是能对上的。

3个人开始拿出30元，后来退回3元，其结果是3人负担27元。

27元的清单是会计收取25元和服务员私吞的2元，正好与付账的钱一致。服务员私吞的2元，包含在3人负担的27元内。

会计收取的25元+女服务员私吞的2元=3人负担的27元。

因此，3人负担的27元加上女服务员私吞的2元的29元的数字，实际上没有任何意义，因为这2元已经包括在27元里了。所以说，30元与这29元的差额的1元是无意义的。

336. 两个农妇卖鸡蛋

一个农妇带了40个鸡蛋，另一个农妇带了60个鸡蛋。

337. 巧妙分马

解决的办法，当然不是把23匹马卖掉，换成现金后再分配。而是，假定还有24匹马。在这24匹马中，长子得到1/2的12匹马；次子得到1/3的8匹马；三儿子得到1/8的3匹马。

不偏不倚，按照遗嘱分完后，三人分到的马加起来正好是23匹。

如果拘泥于"遗产全部瓜分"的思维方式，那么这道题就解不出来。

338．抢报30

蓬蓬的策略其实很简单：他总是报到3的倍数为止。如果亨亨先报，根据游戏规定，他或报1，或报1，2。若亨亨报1，则蓬蓬就报2，3；若亨亨报1，2，蓬蓬就报3。接下来，亨亨从4开始报，而蓬蓬视亨亨的情况，总是报到6为止。依此类推，蓬蓬总能使自己报到3的倍数为止。由于30是3的倍数，所以蓬蓬总能报到30。

339．多少架飞机

是32架。可以这样计算：4人工作4×4小时生产4架模型飞机，所以，1人工作4×4小时生产1架模型飞机，这样每人工作1小时就生产1/16架模型飞机。

因此，8人每天工作8小时，一共工作8天，生产的模型飞机数目就是8×8×8×1/16=32架。

340．遗书分牛

农夫留下15头牛。

妻子 8头；

长子 4头；

次子 2头；

幼子 1头。

341．鸡生蛋

仍然仅需5只鸡。

342．分米

①两次装满脸盆，倒入7千克的桶里；

②往3千克的脸盆里倒满米，再将脸盆里的米倒1千克在7千克的桶里，这样脸盆中还有2千克米；

③将7千克米全部倒入10千克的袋子中；

④将脸盆中剩余的2千克米倒入7千克的桶里；

⑤将袋子里的米倒3千克在脸盆中，再把脸盆中的米倒入桶里，这样桶和袋子里各有5千克米。

343．母子的年龄

今年妈妈比华华大26岁，即两人年龄差为26岁，4年后，妈妈的年龄是华华的3倍，即：3倍（华华年龄+4）=（华华年龄+4）+26岁。26岁是4年后华华的年龄的2倍，所以，华华今年年龄是26÷2－4=9岁，妈妈今年年龄是9+26=35岁。

344．猫追老鼠

能。猫要跑60步才能追上老鼠。

345．数学家的年龄

84岁。假设数学家的年龄为X岁。根据碑文很容易列出方程：X=X/7+X/4+5+X/2+4,即可解得X=84。

346．和与差

找出规律了吗？得数是较小数的两倍。

当从两个数的和中减去这两个数的差时，就是从两个数的和中减去了较大数比较小数多的一部分，得到的结果是两个较小数的和，也就是较小数的两倍。

347. 损失了多少财物

商店老板损失了100元。

老板与朋友换钱时，用100元假币换了100元真币。此过程中，老板没有损失，而朋友亏损了100元。

老板与持假钞者在交易时：100＝75＋25元的货物，其中100元为兑换后的真币，所以这个过程中老板没有损失。

朋友发现兑换的为假币后找老板退回时，用自己手中的100元假币换回了100元真币，这个过程老板亏损了100元。

所以，整个过程中，商店老板损失了100元。

348. 乒乓球比赛

冠军只有1人，28人中的27人都要被打败，27人被打败就需要27场比赛。

349. 摸黑装信

不正确。如果出错的话，至少有2封信出错。

350. 奇怪的三位数

504。因为7、8、9正好是一组倍数，所以7×8×9=504。

351. 思维算式

①1＋7=8；

②4＋5=9；

③2×3=6。

第七部分 图形思维游戏

352. 数字方阵

353. 让错误的等式变正确

(1) 把62移动成2的6次方：

$2^6-63=1$

（2）把后面等于号上的"—"移动到前面的减号上，使等式成为62=63-1。

354. 移杯子的学问

将第2只杯子里的水倒入第7只杯子里，将第4只杯子里的水倒入第9只杯子里，这样就可以使其相间了。其实题目考的是一种思维方式，解答的时候不要拘泥于题目本身，要开拓思路。

355. 表格中的奥妙

A=17，B=18，C=14。在任何横线或竖线条里的数字总和等于50。

356. 形状特异的生日蛋糕

如图所切，每人都能分到相同形状的蛋糕。

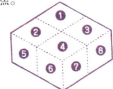

357．切蛋糕

最多可以切22块。

切割的次数	最多的块数
0	1
1	2
2	4
3	7
4	11
5	16
6	22

358．数字城堡

359.经典的几何分割问题

360．一只独特的靶子

一共要射6支箭。各箭的得分是：17，17，17，17，16，16。

361．翻转梯形

移动4根。

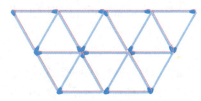

362．面积比

把小三角形颠倒过来，就能立刻看出大三角形是小三角形的4倍。

363．半个柠檬

单数的一半再加上半个，正好是整数，可取3、5、7。但3、5不符合条件，所以可以推断出柠檬的总数一共有7个，其中4个被藏在屋子的东面，2个被藏在屋子的西面。

364．字母算式

A=4，B=9，C=5。

365．商店的最佳位置

因为这些用户沿着铁路排列，可以看成是一条直线。商店应在最中间两户间任意一点。

366．体积会增加多少

1/11。假设现在有12毫升的冰，这冰融化后，变成水，体积减少1/12，也就是只剩下11 毫升的水。当这11 毫升的水再结成冰时，则又会变成12 毫升的冰，对于水而言，正好增加了1/11。

367. 半盒子鸡蛋

盒子里的鸡蛋在60分钟时全满，一分钟之前，即59分钟的时候是半盒子鸡蛋。

368. 足球

正五角形12个。正六角形20个。

369. 怪老头的玩意

370. 标点的妙用

《三角》《几何》共计九角。
《三角》三角，《几何》几何？
《几何》书价是六角。

371. 数字乐园

6	2	9	3	7
3	7	6	2	9
2	9	3	7	6
7	6	2	9	3
9	3	7	6	2

372. 交换时针和分针

不能，除了两针重合时能正确表示时间外，表针在其他位置均无法表示正确的时间。

373. 玩具的总价

鸭子=5，彩球=2，风车=4，熊=1，蝴蝶=3。因此，纵向列的未知数为11，横向行的未知数是11。

374. 圆圈里填数字

⑨－⑤＝④
　　　　＋
⑥÷③＝②
　　　　＝
①＋⑦＝⑧

378. 巧分苹果

把3个苹果各切成4份，把这12块分给每人 1 块。另4个苹果每个切成 3 等份，这12个1/3也分给每人 1 块。于是，每个孩子都得到了一个1/4和一个1/3块，也就是说，12个孩子都平均分配到了苹果。

376. 数字组合

根据该题目的游戏规则，不论你找出哪组数字，它们的总和都是3的倍数，这样的话，它们组合的数字也都能被3除尽。

377. 面积缩小一半

一共有5种摆法。

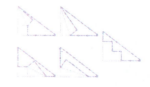

378. 乌龟和青蛙的赛跑

很多人可能会认为第二场比赛的结果是平局，其实这个答案是错误的。 因为由第一场比赛可知，乌龟

222

跑100米所需的时间和青蛙跑97米所需的时间是一样的。因此，在第二场比赛中，乌龟和青蛙同时到达ＡＢ线，而在剩下的相同的3米距离中，由于乌龟的速度快，所以，当然还是它先到达终点。

379. 最大的数

9的9次方的9次方。这个数等于多少，至今还没有人计算过。

380. 排队

站成五角星的形状，5个顶点和5个交叉点各站一个人。

381. 破译密码

E＝7，W＝4，F＝6，T＝2，Q＝0，东路兵力是7240，西路兵力是6760，总兵力是14000。

细心分析，可以发现只能是Q+Q=Q，而不可能是Q+Q=2Q，故Q=0；

同样，只能是W+F=10，T+E+1=10，E+F+1=10+W。

所以有三个式子：

(1)W+F＝10

(2)T+E＝9

(3)E+F＝9+W

可以推出2W＝E+1，所以E是单数。

另外E+F>9，E>F，所以推算出E＝9是错误的，E＝7是正确的。

382. 5个鸭梨6个人吃

鸭梨是这样分的：先把３个鸭梨各切成两半，把这６个半块分给每人１

块。另两个鸭梨每个切成３等块，这６个1/3也分给每人１块。于是，每个人都得到了一个半块和一个1/3块，也就是说，６个人都平均分配到了鸭梨，而且每个鸭梨都没有切成多于3块。

383. 变出3个正方形

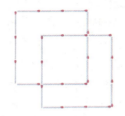

384. 台阶有多少个
正好是119个。

385. 猜拳
连续出对手刚出过的并且输了的拳。

386. 趣味金字塔
A=5，B=4，C=15。每一条格子里数字的乘积等于比它略长一点的格子里数字的乘积的一半。

第八部分 逻辑思维游戏

387. 无价之宝
开始时只有1颗，第二天增加了6颗，第三天又增加了12颗，第四天又增加了18颗……计算七天的总数，公式为：1＋6＋12＋18＋24＋30＋

36=127颗。

388．分机器人

4个女孩的姓名分别是：燕妮·琼斯、玫利·哈文、培拉·史密斯和米奇·安德鲁。

389．小猫的名字叫什么

D不是"咪咪"（①），也不是"花花"（③），也不是"球球"（④），也不是"黑黑"（④），也不是"忽忽"（⑤），所以是"兰兰"。

A不是"咪咪"（③），也不是"球球"（④），也不是"黑黑"（④），也不是"忽忽"（⑤），所以是"花花"。

所以，由②和④可知，"球球"是C。

由①可知，"咪咪"是B。
由④可知，"黑黑"是E。
剩下"忽忽"就是F了。

390．爱说假话的兔子

甲：2岁；
乙：4岁；
丙：3岁；
丁：1岁。

如果丙兔子说的话是假话，丙就比甲年龄小，而且甲就是1岁，这是不可能的。

所以丙兔子的发言是真实的，甲不是1岁，丙比甲年龄要大。

如果甲的发言是真的话，就是乙3岁，甲比乙年龄大，即甲4岁，这与上面的分析是矛盾的。

所以，甲的话是假的，乙也不是3岁，甲比乙年龄要小。

根据以上分析，乙是4岁，丙是3岁，甲是2岁，剩下的丁就是1岁。

391．天平不平

因为每个秤盘和金条的重量相同，所以只要把左边的金条移动1块到右边即可。即：（7＋1）×3（3个轴心）=24=（4＋1＋1）×4（4个轴心）。

392．3只难以对付的八哥

罗伯特来自A国；丽萨来自B国；艾米来自C国。

393．轮胎如何换

如果给8个轮胎分别编为1～8号，每5千里换一次轮胎，配用的轮胎可以用下面的组合：123（第一次可行驶1万里），124，134，234，456，567，568，578，678。

394．餐厅聚会

7个年轻人要隔许多天才能在餐厅里相聚一次，这个天数加1需能被1～7之间的所有自然数整除。1～7的最小公倍数是420，也就是说，他们每隔419天才能聚于餐厅。因为上一次聚会是在2月29日，可知这一年是闰年。那么第二年2月份就只有28天一种可能。由此可推，他们下一次相聚是在第二年的4月24日。

395. 休闲城镇

根据已知条件得知，餐厅在星期一、星期二、星期四、星期五和星期六开门营业，在星期日和星期三关门休息，而其中连续三天的第三天关门休息，因此，这连续三天的第一天不是星期五就是星期一。

因为一星期中没有一天餐厅、百货商场和蛋糕店全都开门营业，那么蛋糕店在星期四和星期五就关门休息，由于丁丁到达休闲城镇的那一天蛋糕店开门营业，所以那一天一定是星期一。

396. 互不相通的房间

把3个房间命名为甲、乙、丙，小明3兄弟分别拿一个房间的钥匙，再把剩下的钥匙这样安排：甲房内挂乙房的钥匙，乙房内挂丙房的钥匙，丙房内挂甲房的钥匙。这样，无论谁先到家，都能凭着自己掌握的一把钥匙进入3个房间。

397. 海盗分宝石

从后向前推，如果1～3号强盗都喂了鲨鱼，只剩4号和5号的话，5号一定投反对票让4号喂鲨鱼，以独吞全部金币。所以，4号唯有支持3号才能保命。3号知道这一点，就会提出(100，0，0)的分配方案，对4号、5号一毛不拔而将全部金币归为己有，因为他知道4号一无所获但还是会投赞成票，再加上自己一票，他的方案即可通过。不过，2号推知到3号的方案，就会提出(98，0，1，1)的方案，

即放弃3号，而给予4号和5号各一枚金币。由于该方案对于4号和5号来说比在3号分配时更为有利，他们将支持他，不希望他出局而由3号来分配。这样，2号将拿走98枚金币。不过，2号的方案会被1号所洞悉，1号并将提出(97，0，1，2，0)或(97，0，1，0，2)的方案，即放弃2号，而给3号一枚金币，同时给4号（或5号）2枚金币。由于1号的这一方案对于3号和4号（或5号）来说，相比2号分配时更优，他们将投1号的赞成票，再加上1号自己的票，1号的方案可获通过，97枚金币可轻松落入囊中。这无疑是1号能够获取最大收益的方案！

398. 失误的程序员

左边的机器人是犹豫不决的机器人，中间的机器人是骗子机器人，右边的机器人是诚实机器人。

399. 环球飞行

假设3架飞机分别为A、B、C。

3架（ABC）同时起飞，飞行至1/8处，其中一架(A)分油后，安全返航；剩余两架(BC)飞行到1/4处时，其中一架(B)分油后，安全返航；A降落后加完油，在B返回后马上起飞，逆向接应C；同样B降落后加完油，也立即逆向起飞，接应AC；两架（AC）在逆向1/4处相遇，分油后，同飞行。3架（ABC）飞机在逆向1/8处相遇，分油后继续飞行，这样就可以完成任务了。

所以，3架飞机飞5次就可以完成任务。

400.一条漂亮的裙子
礼物在B盒。

401.谁在撒谎
假如小艾的话是真实的话，那么小美的话就是假的，相反，如果小艾的话是假话的话，那么小美的话就是真话，据此推测，小艾和小美之间必定有1人在撒谎。以此类推，5人中应该有3人在撒谎。

402.三口之家
老王、李平和美美是一家；老张、杜丽和丹丹是一家；老李、丁香、壮壮是一家人。

403.照片上的人
这个人在看她丈夫的继母的外孙媳妇的照片。

404.问什么问题
智者所问的问题是"你是这个国家的居民吗"？如果对方回答"是"，那么这个国家一定是A国；否则，这个国家是B国。

405.坚强的儿子
儿子说："如果我正直的话，就不会被神遗弃；如果我不正直，就不会被大众所背叛。所以无论如何，我都不会被背叛的。"

406.神秘岛上的规矩
商人随便问其中一位美女，比如问甲："你说乙比丙的等级低吗？"如果甲回答"是"，那么应该选乙做妻子。如果甲是君子，则乙比丙低，因此乙是小人，丙是凡夫，所以乙保证不是狐狸；如果甲是小人，则乙的等级比丙高，这就意味着乙是君子，丙是凡夫，所以乙一定不是狐狸；如果甲是凡夫，那么她自己就是狐狸，所以乙肯定就不是狐狸。因此，不管什么情况，选乙都不会娶到狐狸。

如果甲回答的是"不是"，那么商人就可以挑选丙做妻子。推理方法同上。

407.玩具世界
一只狗、一只熊猫、一只洋娃娃。

408.他们点的什么菜
根据②和①，如果阿德里安要的是火腿，那么布福德要的就是猪排，卡特要的也是猪排。这种情况与③矛盾。因此，阿德里安要的只能是猪排。于是，根据②，卡特要的只能是火腿。因此，只有布福德才能昨天要火腿，今天要猪排。

409.野炊分工
老大洗菜，老二淘米，老三烧水，老四挑水。

410.谁是班长
由"丙比组长年龄大"知道，丙

不是组长，丙的年龄比组长的大。

由"学习委员比乙年龄小"知道，乙不是学习委员，乙的年龄比学习委员的大。

由"甲和学习委员不同岁"知道，甲不是学习委员。

既然知道了甲和乙都不是学习委员，那么丙就一定是学习委员了。3个人的年龄顺序是：乙＞学习委员丙＞组长。从这一顺序上看，乙不是组长，那他一定是班长了，而组长则是甲了。

411.年龄的秘密

A是54岁，B是45岁，C是4岁半。

412.姑娘与魔鬼

戴黄色头冠的是光光。
戴白色头冠的是贝贝，变成了魔鬼。
戴蓝色头冠的是木木。
戴黑色头冠的是乔乔。

413.蚂蚁过地下通道

由一只蚂蚁把沙粒拉出凹处，放在通道里；然后另一只蚂蚁进入凹处；再由那只蚂蚁推着沙粒过凹处后暂停；然后另一只蚂蚁爬出凹处，沿通道爬走；最后那只蚂蚁将沙粒拖回凹处，自己走开。

414.骗子村的老实人

"今天要不是星期一，就是星期二。"因为"今天是星期二"这句话，在星期一也可以说。

415.谁是老实人

甲和丙。

先假设乙是老实人，那么，把丙说的话颠倒过来，戊就成了老实人。接着，甲跟丁也是老实人，这样就超过只有两个人的限制了。

那假设丁是老实人的话，把甲说的话颠倒过来，乙就成了老实人。但是照丁的说法，乙应该是个骗子，这样就产生矛盾了。

再假设戊是老实人试试看，加上甲和丁，老实人变成了三位，所以也行不通。

看看剩下的甲和丙所说的话，就跟题目的条件相吻合。

416.扑克牌

红桃。

417.珠宝公司的刁钻奖励

取出第三个金环，形成1个、2个、4个三组。第一周：领1个；第二周：领2个，还回1个；第三周：再领1个；第四周：领4个，还回1个和2个；第五周：再领1个；第六周：领2个，还回1个；第七周：领1个。

418.小花猫搬鱼

把盘子分别编号为甲、乙、丙、丁。

① 先取出甲、乙盘中的各一条鱼放在丙盘里。

② 再把甲、丙盘中的各一条鱼放到乙盘中。

③ 再把甲、丙盘中的各一条鱼放到丁盘中。

④ 把乙、丁盘中的各一条鱼放到甲盘中。

最后，把乙、丁盘中各剩下的一条鱼都放到甲盘中。

419. 死囚

不可能。死囚会被处死。

因为执行绞刑的日期可以放在规定日期内的任何一天。如果死囚提出"今天不能执行绞刑，因为我已经知道了今天要被处以绞刑，按照法官的命令，今天就不能执行绞刑了"的要求时，行刑者可以这样回答："要是这样的话，说明你还没有想到今天要执行绞刑，按照规定，你没有想到今天被处死，所以今天能够对你执行绞刑。"

420. 一句话定生死

囚犯说的话是："你一定砍死我。"国王听了左右为难，因为如果真的砍了他的头，那么他说的就成了真话，而说真话的应该被绞死；但是如果要绞死他的话，他说的话又成了假话了，而说假话的人是应该砍头的。

421. 稳操胜券

跟贾老大一样押500根金条在"三的倍数"。只要跟贾老大用同样的方法下注即可。

如果贾老大赢了，蒋老大也会得到同样的报酬，他们的名次就不会受影响，就算贾老大输了，名次还是不会受影响。

事实上蒋老大只要押400根以上的金条，如果赢，金条数就会在1500根以上，仍是第一名。

所以，在这种场合，手里有较多金条的人便是赢家。

422. 罪犯

大麻子。

423. 10枚硬币

这是一个后发制胜的游戏。谁先开局谁必输。如果你的对手稍微聪明一点，就不会在你先取1枚后，他取4枚，最后出现他输的局面。

424. 期末考试的成绩

婷婷得了第四名，亮亮得了第二名，佳佳得了第三名，小美得了第一名，只有婷婷估计错了。

425. 带魔法的饰物

有魔法的女子是思思。
系着魔法围巾的是思思和平平。
戴着魔法蝴蝶发带的是蕾蕾和思思。

426. 门铃逻辑

通门铃的按钮是从左边数第五个。如果令F表示该按钮，则6个按钮自左至右的位置依次是D、E、C、A、F、B。

427. 教授的课程

张教授教历史和体育，赵教授教英语和生物，彭教授教数学和物理。

428. 12点的位置要经过多少次

要经过61次。

429.不可靠的预测机

局长说："预测机下一个预测结果会亮红灯。"如果预测机亮红灯表示"不会"，那么预测机就预测错了，因为事实上它已经亮起了红灯。如果它亮绿灯说"会"，这也错了，因为实际上亮的是绿灯，而不是红灯。这样预测机就预测不准确了。

430.赌徒的谎言

如果张三说的是实话，那李四、阿七说的也不错。但只有一个人说实话，如果张三、李四、阿七说的都是假话，那只有王五说的是实话。李四是老大。

431．换汽水

最多40瓶。

20元钱可以买20瓶汽水，喝完汽水就有20个空瓶子；20个空瓶子换10瓶汽水，喝完10瓶汽水后换5瓶；5个空瓶中拿4瓶换2瓶，然后就有了3个空瓶子；再用其中2个空瓶换1瓶，最后只有2个空瓶子的时候，换取最后1瓶。还剩1个空瓶子，把这1个空瓶换1瓶汽水，这样还欠商家1个空瓶子，等喝完换来的那瓶汽水再把瓶子还给人家即可。所以最多可以喝的汽水数为：20+10+5+2+1+1+1=40。

432．魔鬼与天使

甲是人，乙是天使，丙是魔鬼。

433．篮球比赛

3胜1败。

全部共有10场比赛，各校都必须跟其他四所学校对打一场，4×5=20(场)，但是每场有两校出赛，所以20÷2=10(场)。也就是说，总共应该会有10胜。一至四中合计共有7胜，那么剩下的3胜便是五中的了，并可以马上算出五中有一败。

434．啰唆的自我介绍

张先生是最高领导人，张先生直接给"我"和董先生安排工作；"我"直接给王先生、李小姐安排工作；董先生直接给赵小姐、杜小姐安排工作。

435.输与赢

是二毛说的这番话。在开始打赌前，大毛有30元，二毛有50元，三毛有40元。

436.游泳冠军

4个人名次排列顺序是：丙、乙、甲、丁，丙是游泳冠军。

437.狗狗们的话

棕色衣服的狗狗：卡卡家的多多。
黄色衣服的狗狗：德拉家的汪汪。
白色衣服的狗狗：德拉家的咪咪。
灰色衣服的狗狗：卡卡家的依依。

438.裙子是什么颜色

黄色。

439.纸牌游戏

甲拿的两张牌是1，9；乙为4，

5；丙为3，8；丁为2，6。剩下的那张牌是7。

440. 谁姓什么

王大明、张二明、李三明、赵四明。

441. 9枚硬币

由于只有9枚硬币，所以谁先开局就必定会输。

442. 李经理的一周行程

星期五。

443. 宾馆凶案

假设死者是自杀的。

甲说"死者不是乙杀的"就是假话，则是乙杀的。

乙说"他不是自杀"是假话，则"甲杀的"是真的。

丙说"是乙杀的"如果是真话的话，那么"不是我杀的"就是假话，丙承认自己杀了人。以上分析结论是矛盾的，是不合逻辑的。

假设死者不是自杀。

甲说"死者不是乙杀的"是真的。

乙说"是甲杀的"是假，即不是甲杀的。

丙说"不是我杀的"是真。

既然凶手不是甲、乙、丙"所提及的人"，只剩下医生。因此，凶手就是医生。

444. 谁买了什么

A在一层买了一双鞋，B在三层买

了一本书，C在二层买了一架照相机，D在四层买了一块表。

445. 步行街两旁的商店

酒吧。

446. 难解的血缘关系

罗西是唯一的女性。

假设比尔的父亲是罗西，那么罗西的同胞兄弟必定是哈文，于是哈文的女儿必定是比尔。从而得出比尔是哈文和罗西两人的女儿，而哈文和罗西又是同胞兄弟，这是违背道德伦理关系的，是不允许的。所以，比尔的父亲是哈文，罗西的同胞兄弟就是比尔。罗西是女性。

447. 一模一样

警探想，这个小伙子可能有一个孪生兄弟，找户口册一看，果然如此。因此，他们很快就抓获了凶手。

448. 找出异常的小球

将12个球分别编号为1～12，再把球分成A、B、C三组，每组4个球。A组为1，2，3，4，B组为5，6，7，8，C组9，10，11，12。取A、B两组在天平上称，有两种可能：

①1，2，3，4和5，6，7，8相等，那这个球在9，10，11，12中，第二次取9，10，11与1，2，3相称。

如果9，10，11与1，2，3相等，则为12，第三次可判断其轻重；

如果9，10，11与1，2，3不相等，可知道此球的轻或重，第三次则取9和10相称，如相等，则是11，如不相等，则根据上一步的重量判断结果，找出其中之一。

②1，2，3，4和5，6，7，8不相等。要先弄清楚是哪一边重，看第二步。

第二步假设是1，2，3，4这边重，将1，2，5与3，4，6拿来称：

如果相等，则在7，8中，且异重球是轻的，第三次只要将7和8拿来称，哪个轻就是哪个；

如果不相等，要是1，2，5这边重，则第三步拿1与2相称，如果1和2相等，则这个球肯定是6，如果1和2不相等，则是其中更重的一个，反之亦然。

449. 瓶子里装的是什么
甲瓶子：可乐。
乙瓶子：白酒。
丙瓶子：果汁。
丁瓶子：啤酒。

450. 猛兽出没的村庄
"如果我问你'今天没有猛兽出没，是吗？'你会回答我'是'，对不对？"

451. 太平洋里的鲸鱼
甲：1100米。
乙：1200米。
丙：800米。
丁：900米。
戊：1000米。

452. 乌龟赛跑
假设丙的话是真话，那么丁的

话也是真话了，从而，甲的话也是真话，所以乙上次是第二名。因此，上次的第一名既不是乙也不是丙，所以应该是丁或者甲。但是，无论哪个是上次的第一名，本应该都说真话的丙和丁的话至少有一个会变成假话。所以，丙的话只能是假话(名次下降，而且丁的名次没有上升)……①

由于丙不是上次的第一名，这次的名次下降，所以这次是在第三名以下。然而，乙的话是假话，乙的名次也下降了。

假设丁的话是假话，甲的名次没有上升，而同时甲以外的三只乌龟的名次也全部下降，这是不合理的。

所以，根据①可知丁的名次没有变化，根据他的话(真话)可知，甲这次名次上升了。

从甲的话(真话)来看，乙上回是第二名。丙上次既不是第一名也不是第二名而是第三名，这次是第四名，同样名次下降的乙这次是第三名。甲这次是从上次的第四名上升了，丁上次和这次都是第一名。所以，甲这次是第二名。

具体如下表：

	上次	这次
甲	第4名	第2名
乙	第2名	第3名
丙	第3名	第4名
丁	第1名	第1名

453. 谁看了足球赛
B看了足球赛。

454. 猜不透的问答

若波波是诚实的，波波的回答应该是正确的。因此，哈瑞也是诚实的。因为哈瑞回答："杰森在说谎。"所以，杰森在说谎。经常说谎的杰森肯定说谎话："波波在说谎。"

相反，如果是波波在说谎，波波所说的话是谎言。哈瑞也在说谎。因为哈瑞回答说："杰森在说谎。"所以，杰森是诚实的。正直的杰森应该正直地回答："波波在说谎。"

也就是说，无论在哪种情况下，杰森都会回答："波波在说谎。"

455. 吃西瓜比赛

吴刚参赛4次，刘某因故没有参加，可以知道吴刚与刘某是一对情侣；孙全和钱佳是一对情侣；赵亮和周文是一对情侣；李利和张落是一对情侣；王林和郑成是一对情侣。

456. 赛马

这样的结果是可以发生的：
第一次：甲、乙、丙、丁
第二次：乙、丙、丁、甲
第三次：丙、丁、甲、乙
第四次：丁、甲、乙、丙

457. 数学讲师的难题

不能。由①知：标有日期的信——用粉色纸写的；②知：丽萨写的信——"亲爱的"开头；③知：不是约翰写的信——不用黑墨水；④知：收藏的信——不能看到；⑤知：只有一页信纸的信——标明了日期；⑥知：不是用黑墨水写的信——做标记；⑦知：用粉色纸写的信——收藏；⑧知：做标记的信——只有一页信纸；⑨知：约翰的信——不以"亲爱的"开头。

综上所知：丽萨写的信——不是约翰写的信——不是用黑墨水——做了标记——只有一页信纸——标明了日期——用粉色写的——收藏起来——皮特不能看到。所以，皮特不能看到丽萨写的信。

458. 别墅惨案

凶手是送牛奶的人。因为只有知道金姆森太太已经遇害，他才不再到这里送牛奶，而送报纸的人显然不知道这一点，每天仍然准时把报纸送来。

因此，送报纸的虽然每天都来，却因此被排除了嫌疑。送牛奶的人作案后，显然没有想到这桩凶案在十多天以后才被人发现，他停止送奶的行为恰恰暴露了自己的罪行。

459. 美丽公主的不幸遭遇

假设玛丽是受害者，那么露西的话虽然是对受害者说的却又是真的，所以，玛丽不可能是受害者。

假设瑞利是受害者，那么玛丽和劳尔的发言虽然是对被害者说的却又是真的，所以，瑞利不可能是受害者。

假设劳尔是受害者，那么瑞利的话是对受害者说的却又是真的，所以劳尔不可能是受害者。

综上可知，露西就是受害者。

460. 男生和女生

男生有4个，女生有3个。

461. 旅行家的迷惑

至少有2个天使。

假设甲是魔鬼的话，由此可推断他们几个都是魔鬼，那么，乙是魔鬼的同时又说了实话，存在矛盾。所以甲是天使。假设乙是天使的话，从她的话来看，丙就成了魔鬼，相反，假设乙是魔鬼的话，从她的话来看，丙就是天使了。所以，无论怎样，都会有2个天使。

462. 谁是司机

A是司机。

463. 成绩表

	语文	数学	英语
宇春	丙	乙	丙
夏雨	丙	甲	乙
江子	甲	甲	甲
雷雷	甲	甲	乙

464. 谁和谁是亲兄弟

甲的弟弟是D，乙的弟弟是B，丙的弟弟是A，丁的弟弟是C。

在甲、乙、丙3个人中只有一个人说了实话，而且这个人是D的哥哥，因此乙说的是假话，乙不可能是D的哥哥。由乙说的话得知，丙也不可能是D的哥哥，所以丙说的也是假话。由此可得，丁的弟弟是C。由于甲、乙两人都说了谎，而丁又不

是D的哥哥，因此甲一定是D的哥哥，甲说的是实话。即：乙的弟弟是B，丙的弟弟是A。

465. 财政预算方案

先投乙方案，在第二次投票时还是投乙的方案。

根据甲方案：张先生将获得2亿元，比较乙方案，甲方案对张先生比较有利。同样的，对王先生来说也是甲方案比较有利，所以如果张先生投甲方案的话，甲方案就会通过了。

但是接下来甲、丙两方案表决时，对王先生和李先生来说都是丙方案有利，所以张先生将败北，得到的预算将是0。

为了避免这种情形发生，张先生在一开始便投乙方案，接下来当乙、丙两方案表决时，仍投乙方案，使乙方案通过，那么就可以顺利得到1亿了，这是退而求其次的选择。

但如果可以让乙、丙两方案先表决，然后再跟甲方案表决的话，张先生就有可能得到2亿的预算。

466. 你要哪一只钟

你也许会选择一天只慢一分的那只。好，那我们就来看看：一天慢一分的那只钟两年内要走慢12小时（即720分钟）之后才能走回最初核准的时间，因此它在两年内只准确一次。现在看看你要哪一只吧。

467. 魔球里的钻石

第一个魔球是红色的，第二个魔

球是绿色的，第三个魔球是黑色的，第四个魔球是黄色的，第五个魔球是蓝色的。

468. 老实的骗子

如图所示，从爷爷的左边开始，依次是儿子、女儿、爸爸、妈妈。

469. 紧急集合

	谁的上装	谁的下装
李佳	房华	自己
刘方	自己	何林
房华	何林	刘方
何林	李佳	房华

470. 皇妃与侍女

这20位皇妃都立刻杀了自己的侍女。

假设皇妃只有A、B两个人，A皇妃肯定会想：B肯定知道我的侍女是好是坏。如果我的侍女是好人，她肯定会杀了她的侍女，结果就会刊登在第二天的报纸上。如果早上的报纸没有刊登这条消息，那么我就在第二天杀了我的侍女……以此类推。到第20天，报纸没有刊登消息，那么所有的皇妃就都杀了自己的侍女。

第九部分 演绎推理游戏

471. 谁的年龄大

小田。

472. 商场购物

强强：书包。
壮壮：篮球。
冬冬：英语字典。

473. 原始森林

当然可以喝。

在一个晴朗的午后说"今天天气真好啊"，对方回答"是的"，可想而知对方一定是说实话的人，水自然也可以喝。

474. 羽毛球能手

根据②常胜将军与表现最差的人年龄相同；根据①常胜将军的双胞胎与表现最差的人性别不同，因此4个人中有3个人的年龄相同。由于张老师的年龄肯定比他的儿子和女儿大，从而年龄相同的必定是他的儿子、女儿和妹妹，这样，张老师的儿子和女儿必定是①中所指的双胞胎。因此，张老师的儿子或者女儿是常胜将军，而张老师的妹妹是表现最差的选手。根据①，常胜将军的双胞胎兄弟或姐妹一定是张老师的儿子，而常胜将军无疑是张老师的女儿。

475. 小魔女们的小狗

根据①⑥，灰色眼睛的魔女、黑色服装的魔女、小欢子(红色眼睛)，3

人饲养的小狗是1只、3只、4只（顺序不确定）……Ⅰ

根据②，绿色眼睛的魔女、红色服装的魔女、小安子3人饲养的小狗分别是2只、3只、4只(顺序不确定）……Ⅱ

根据③⑥，红色眼睛的魔女、茶色服装的魔女、小丹子3人饲养的小狗分别是1只、2只、4只(顺序不确定）……Ⅲ

小安子的眼睛不是红色的(⑥)，也不是蓝色的(⑤)，也不是绿色的(②)，所以是灰色的。

灰色眼睛的是小安子，所以不是红色衣服(⑥)，也不是紫色衣服(④)，也不是黑色衣服(①)，应该是茶色衣服。

灰色眼睛的魔女在Ⅰ、Ⅱ、Ⅲ里面都出现过了，所以养了4只狗。还有1个人，在Ⅰ、Ⅲ里共同部分出现过的红色眼睛的魔女（小欢子）养了一只狗，所以，黑色衣服的魔女和小丹子不是同一个人。

根据Ⅰ黑衣魔女有3只小狗，在Ⅰ、Ⅱ里面都出现过的黑衣魔女和绿色眼睛的魔女是同一个人，黑衣魔女(绿色眼睛，3只)和小丹子不是同一个人，所以是小林子。

根据Ⅰ红色衣服的魔女是小丹子。

所以，小林子的眼睛是绿色的，穿了黑色的服装，养了3只小狗；小欢子的眼睛是红色的，穿了紫色的衣服，养了1只小狗；小安子的眼睛是灰色的，穿了茶色的衣服，养了4只小狗；小丹子的眼睛是蓝色的，穿了红色的衣服，养了2只小狗。

476. 雪地上的脚印

往返的脚印不同。扛着尸体时重量增大，所以留在雪地上的脚印就比较深，而返回时是空手而归，脚印浅，所以断定报案者就是凶手。

477. 鸵鸟蛋

根据条件⑥得知，丁发现了3个。18岁的男孩是丙，21岁的男孩发现1个或者2个鸵鸟蛋(③)，19岁的男孩也发现1个或者2个鸵鸟蛋，所以丁是20岁。

因为21岁的男孩不是去了A岛(②)，所以，21岁的是甲，由此可推断，19岁的是乙。假设甲有2个鸵鸟蛋的话，那么乙就有3个，这与④相互矛盾。所以，甲发现了1个，乙发现了2个。因此可知，去C岛的人发现了2个，去C岛的是丙。

根据条件⑥可知，甲去了D岛，剩下的丁去了B岛。详见下图。

	年龄	岛	蛋
甲	21岁	D	1个
乙	19岁	A	2个
丙	18岁	C	2个
丁	20岁	B	3个

478. 迷雾重重的盗窃案
E是小偷。

479. 真正的朋友

C。此题需要按顺序来思考，首先假设答案为G、C或L，再依"只有4个人说实话"的条件，剔除不合适的人选。

480. 如何过河

先把狗带到对岸，然后返回，把一只小羊带过去，顺便把狗带回原岸，把另一只小羊带到对岸。然后再返回，把狗带过去。

481. 音乐会上的阴谋

埃利事先已作好演出准备的事实，说明他对巴蒂的死和自己将上场演出有准备，这就证明他涉嫌谋杀。如果他事前不知，他上场前就应作准备，用松香先擦擦弓，并调好琴弦。

482. 谁在前面，谁在后面

他们的顺序依次是：戊、丙、己、丁、甲、乙。

483. 圣诞聚会

他们到达约会地点的先后顺序是：D、E、C、A、B。

依据题目给出的条件，很快就可以分析出A、B、C、E都不是第一个，只有D是第一个到达的。

由"E在D之后"，可以知道两人的顺序是：D、E。

由"B紧跟在A后面"得知两个人的顺序是：A、B。

由"C不是最后一个到达约会地点"，可以得知这样的顺序：C、A、B。

所以，总的先后顺序是：D、E、C、A、B。

484. 赴宴会

根据新娘在没有丈夫的陪伴时不许和别的男子在一起的规定，至少需要往返11次。

485. 谁是体操全能冠军

老大是体操全能冠军。

486. 谁和谁是一家

如果拿长笛的和跑步的是兄弟的话，根据跑步人的发言，拿长笛的就是可可。拿书的所说不是关于兄弟的话就变成了真话，这就相互矛盾了。所以拿长笛的和跑步的不可能是兄弟。

如果拿长笛的和溜冰的是兄弟的话，根据拿书人的话(假话)，可知拿长笛的人就是丁丁。拿长笛的关于是兄弟的话却成了假话，这就相互矛盾了。因此拿长笛的和溜冰的不可能是兄弟。

所以，拿长笛的和拿书的是兄弟，跑步的和溜冰的是兄弟。

487. 宇宙飞船里的稀客

假设阿波罗撒谎，从泰勒和比尔的发言来看，比尔和阿波罗是同一星球的，进一步从莱布的发言来看，比尔和泰勒是不同星球的，结果阿波罗的发言反而不是谎言，与前面的假设相矛盾。所以，阿波罗的发言是真实的。

假设撒谎的是泰勒或是比尔或是莱布都是一样，他们的发言都是真实的。

所以，泰勒撒了谎，从而可知比尔和莱布都是水星人。

因此可推断，泰勒、费卢是火星人，阿波罗、比尔、莱布是水星人。

488. 酒店挟持案

福特在打电话时做了点手脚。在通话时，他一讲到无关紧要的话，就用手掌心捂紧话筒，不让对方听到，而讲到关键的话时，就松开手。

这样，家人就收到了这么一段"间歇式"的情报电话："我是福特……现在……金冠大酒店……和坏人……在一起……请您……快……赶来……"

489. 玛瑙戒指

因为奇奇和兜兜的话是相互矛盾的，所以2人之中必有1人在撒谎。

假设奇奇说的是真话，那么兜兜的话就是假的。从奇奇的话来看，天天是妖性的女子，就是说撒谎的兜兜戴着玛瑙戒指了，这样，天天的话就不是假的了。

所以，奇奇的话应该是假的(而且，天天不是妖性女子)，兜兜的话是真的。

因为天天的话是假的，所以天天应该戴着玛瑙戒指，撒谎的奇奇就是妖性女子了。

490. 电影主角

埃兹拉是电影主角。

491. 昆虫聚会

五次。

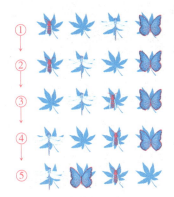

492. 两个乒乓球

当然不是。

小雪从袋子里拿出一个乒乓球之后，立刻藏在身后。明明肯定要求小雪把它亮出来，而此时小雪就说："我亮不亮出来没有关系，只要看看袋子里面留下的是什么颜色的乒乓球，就知道我拿的是什么颜色的乒乓球。"

明明当然会无话可说。

493. 4个兄弟一半说真话

说真话的(二哥和小弟弟)不可能说"我是长兄"，所以，劳茵的话是假的，那么可知，劳茵不是长兄，而是三哥。那么，劳莎就不是三哥了，劳特的话就是真的，劳特就是二哥或者小弟。

假设劳拉说的是真话，劳特和劳拉就是二哥和小弟(顺序暂时未知)，劳莎就是长兄了，则劳拉又在撒谎,这是相互矛盾的。所以，劳拉是长兄。

从劳拉的话中可知（假话），劳莎是二哥，劳特是小弟。

494. 多少枚钻戒

4个人共有10枚钻戒：

艾艾+拉拉=5的话，那么米米+丽丽=5；

艾艾+拉拉≠5的话，那么米米+丽丽≠5；

所以，丽丽和拉拉或者都说了实话，或是都撒了谎。

假设她们都说了实话，丽丽≠2，拉拉≠2。由于拉拉的发言是真实的，米米≠3。

假设艾艾的话是真的(艾艾≠2)，由于拉拉+米米=5，可得艾艾+丽丽=5，米米的话是假的，所以米米＝2。因此，拉拉＝3，丽丽的话就变成假的了。

因此，艾艾的话是假的，艾艾=2。由于艾艾+丽丽≠4，所以米米的话是假的，米米＝2。

由于丽丽的话是真的，所以拉拉=3。那么，拉拉+米米=5，就成了艾艾有2枚却又说了真话，这是自相矛盾的。

由此推知，前面的假设是不成立的。

她们都撒了谎，即丽丽=2、拉拉=2，由拉拉的发言(假的)可知，米米不等于3。

所以，艾艾的发言是假的，艾艾=2，剩下的米米就是4枚。

她们各自手上戴的钻戒数具体如下：

丽丽：2枚；艾艾：2枚；
拉拉：2枚；米米：4枚。

495. 舞蹈老师

根据已知条件得知，D和E中必定有一位与A和C属于相同的年龄档，而A和C都小于30岁。按照校长的要求，他是不会选择A和C的。另外，从条件中得知，C和D当中必定有一位与B和E的职业相同，因此，B和E是秘书。所以校长必定会选择D女士做学校的舞蹈教师。

496. 六边形的桌子

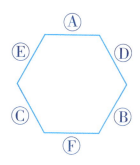

497. 真假钻石

这里有一个规律：无论从哪一颗钻石开始数起，每次拿走第17颗，依此进行，最后剩下来的，必然是最初数的第3颗钻石。

498. 女秘书

如果①和②是假话，则玛丽就是同谋，琳达就是凶手，莉莉是毫不知情者，那么③就是假话。

如果①和③是假话，则玛丽是同谋，而莉莉是毫不知情者，琳达就是凶手了，这样②也成为假话。

如果②和③是假话，则琳达就是凶手，而莉莉是毫不知情者，那么玛丽就是同谋，这样①也成为了假话。

因此，毫不知情者作了两条证词。

再进一步推测，如果毫不知情者作了②和③这两条供词，既然②③是真的，那么①就是假的，可知玛丽是同谋，与前面的结论相矛盾，因此这是不可能的。以此类推下去，可以知道莉莉是毫不知情者，琳达是同谋，玛丽是凶手。

499. 车库命案

轮胎里充满了高压氰化钾气体，罪犯是在前一天晚上悄悄溜进车库作案的。

第二天早晨，当被害人想出车时，发现一个轮胎气太足了，这样车跑起来会出危险，便拧开气门芯放些气。就在这一刹那，剧毒的氰化钾气体喷出来使其中毒身亡。

500. 避暑山庄

4人的滞留时间之和是20天。

根据①得知，最长时间是丁，天数在6天(根据②③来看，丁虽然入住时间最长，但也是从2日入住到7日才离开的)。

假设乙和丙分别滞留了4天以下，因为丁是6天以下，甲若是6天以上，就不是最短的，所以乙和丙都是5天。

根据③可知，丙是从1日入住到5日。如果乙是从3日入住的话，7日离开，那就与丁重合了，所以乙是从4日入住到8日。剩下的甲就是从3日到6日(滞留了4日)。

因此，甲是从3日入住6日离开的；乙是从4日入住8日离开的；丙是从1日入住5日离开的；丁是从2日入住7日离开的。

501. 帽子的颜色

蓝色。假设大毛和二毛的帽子都是红色的，而会场上只有两顶红帽子，那么三毛应该立刻回答自己的帽子是蓝色的。

所以，大毛和二毛戴的帽子有两种可能：①一顶红色和一顶蓝色；②两顶都是蓝色。

二毛看得到大毛的帽子，如果大毛戴的是红色的话，便符合①的状况，那么二毛应该可以答出自己的帽子是蓝色的才对。

他之所以答不出来的原因，相信你也已经猜到了吧，那就是因为大毛的帽子是蓝色的。

502. 仙女和仙桃

西西最初有6个，吃了2个，剩下了4个；安安最初有7个，吃了1个，剩下了6个；米米最初有5个，吃了2个，剩下了3个；拉拉最初有4个，吃了2个，剩下2个。

503. 猫的谎言

假设花猫的话是假的，那么花猫小于白猫，白猫就只有1条，这是相互矛盾的。

所以，花猫的话是真实的，花猫≥白猫，白猫捉的鱼不可能是1条……Ⅰ

假设黑猫的话是假的，黑猫小于花猫，花猫就是2条，所以黑猫就是1条。那么，白猫的话就成了假的，而且必须是白猫小于黑猫，这与Ⅰ相互矛盾，不可能。

所以，黑猫的话是真的，黑猫≥花猫，花猫捉的鱼不可能是2条……Ⅱ

根据Ⅰ、Ⅱ可知，可能性有以下几种：

白猫2条、花猫3条、黑猫3条……Ⅲ

白猫3条、花猫3条、黑猫3条……Ⅳ

Ⅳ的情况下，白猫和黑猫是同样的，但是，白猫又撒了谎，这是不可能的。

所以，Ⅲ是正确答案。

504．学什么运动

如果踢足球(第四项)在射箭的后面，那么踢足球和第五项共计花费3天以内的时间，这与②相互矛盾。所以，第四项是踢足球，第五项是射箭。

根据条件①可知，踢足球最长就是9日、10日、11日的3天时间，根据条件②④，既不是1天也不是3天，所以只能是两天。

根据条件①，第三项(1天时间)是滑雪或者打保龄球。

假设是滑雪的话，滑雪只能在8日进行，第四项的足球用2天，所以第五项的射箭用了5天。

那么根据④，剩下的网球和打保龄球就是3天和4天了，在1日到7日之间进行，由于4日那天没有打网球所以这个假设不可能成立。

因此，第三项是打保龄球，第一项是网球，第二项是滑雪。

打保龄球只有9日，雪橇是10日和11日。所以，射箭是从12日开始的4天，网球是5天，剩下的滑雪是3天。

	运动项目名称	开始	结束
第一项	网球	1日	5日
第二项	滑雪	6日	8日
第三项	打保龄球	只有9日	
第四项	踢足球	10日	11日
第五项	射箭	12日	15日

505．谁做家务

不正确。

两个人猜拳的排列组合有9种(3×3)，所以有1/3的机会是平手。

而3个人猜拳时，排列组合有27种(3×3×3)，会造成平手的情况如下：

"石头、石头、石头"；"石头、布、剪刀"；"石头、剪刀、布"；"剪刀、石头、布"；"剪刀、剪刀、剪刀"；"剪刀、布、石头"；"布、石头、剪刀"；"布、剪刀、石头"；"布、布、布"。

因此也是9种情况，平手的机会一样是1/3。

506．糊涂的答案

老年人和年轻人是父女关系。之所以很多人对此题久思而未得其解，那是他们陷入了逻辑思维障碍陷阱，错误地接受了题目的心理暗示，认为那个年轻人是男性。其实题目中没有任何条件规定年轻人须是男性。

507．见面分一半

小猴子原来有94个桃。

508．勇敢的探险家

根据①②④得出以下3个组合：
①李琳，农夫家的女儿，黑狼；
②李琳，宾馆的姑娘，黑狼；
③李琳，宾馆的姑娘，白狼。

同样，也可以根据条件对依云和茉莉进行组合。综合一下，就可得出正确结果：李琳是农夫家的女儿，被探险家从黑狼爪下救出来的；依云是宾馆家的女儿，被探险家从红狼爪下救出来的；茉莉是书店家的女儿，被探险家从白狼爪下救出来的。

509．谁是盗窃者

根据他们提供的证词，可得出下面两种可能：

A

①乙说：甲没有偷东西。

②丙说：乙说的是真话。

③甲说：丙在撒谎。

B

①丙说：甲没有偷东西。

②乙说：丙在撒谎。

③甲说：乙说的是真话。

对于A而言，②支持①；而③否定②，进而否定①。所以，供词就变成了：

①乙说：甲没有偷东西。

②丙说：甲没有偷东西。

③甲说：甲是有罪的。

显然，A是不可能的。

对于B而言，②否定①，③肯定②进而③否定①。所以，供词就变成了：

①丙说：甲没有偷东西。

②甲说：甲偷东西了。

③乙说：甲是有罪的。

根据已知条件得知：假设"甲有罪"，那么甲说了真话且是有罪的，显然这是不可能的。

假设"甲没有偷东西"，那么甲是无辜的，且乙和丙都撒了谎，所以他们两个人必有一个人是有罪的。由于甲是无辜的，所以乙就是盗窃者。

510．谁是智者

智者是乙。

511．属于哪一个家庭

拉拉属于乙家庭。

甲家庭的年龄组合为：8，10，11，12；乙家庭的年龄组合为：5，13，2，3；丙家庭的年龄组合为：1，4，7，9。

512．人和魔鬼

可以问："你的神志正常吗？"便可区别答话者是人还是魔鬼。

513．汽车是谁的

①丽萨。②玛丽。③凯特。

④丽萨。⑤玛丽。

514．外国游客

甲来自新德里，乙来自巴西利亚，丙来自罗马，丁来自华盛顿，戊来自费城。

515．凶杀案

因为王太太说了真话，由此可以推断赵师傅作了伪证，再进一步推断张先生和李先生说的都是假话，从而可以判断A和B都是凶手。

516．称糖

分别把3块糖设编号为1，2，3。我们可以先称出1号和2号两块糖的重量，然后再把3号糖放上去，称出这3块糖总的重量。这样，用它们的总重量减去1，2两块糖的重量，就得到了3

号糖的重量。以此类推，可以分别称出 1 号，3 号糖的重量和 2 号，3 号两块糖的重量，用总的重量去减，就得到了 2 号和 1 号糖的重量。

517. 收藏画

	最初	送给谁	数量	交换后
小花	7幅	小娟	4幅	5幅
小娟	5幅	小美	3幅	6幅
小叶	8幅	小花	2幅	7幅
小美	6幅	小叶	1幅	8幅

518. 白马王子

因为亚历山大、汤姆和皮特只符合一个条件，只有杰克符合两个条件，所以他当然符合第三个条件。

519. 小鸟吃虫子

黄鸟：4厘米的红色虫子。
白鸟：3厘米的黑色虫子。
黑鸟：6厘米的红色虫子。
绿鸟：5厘米的黑色虫子。

520. 压岁钱

如果哥哥猜对的话，那么弟弟和妹妹都对；如果姐姐猜对的话，那么妹妹也对；如果妹妹猜对的话，那么哥哥也对。因此，无论你怎么假设，最后只有一个人猜对，这个人就是弟弟，即洋洋的压岁钱少于100元。

521. 花瓣游戏

后摘者只要保证花瓣剩下数量相等的两组（两组之间）被摘除花瓣的空缺隔开，就一定能赢得这个游戏。

比如，先摘者摘一片花瓣，则后摘者摘取另一边的两片花瓣，留下各有5片的两组花瓣。如果先摘者摘取两片花瓣，则后摘者摘取1片花瓣，同样形成那种格局。之后，前者摘除几片，后者就在另一组中摘除同样多的花瓣。通过这种办法，到最后那一步，她肯定能赢得最终胜利。

522. 动物园里的动物们

猴子：9只。 熊猫：13只。
狮子：7只。

523. 闹钟罢工后的闹剧

7个人的观点如下：小红：星期一；小华：星期三；小江：星期二；小波：星期四、五或周日；小明：星期五；小芳：星期三；小美：星期一、二、三、四、五或六。

综上所述除了星期日外，都不止一个人说到，因此，今天是星期日，他们都可以睡一会儿懒觉，小波所说正确。

524. 3个女儿采花

小女儿最诚实，大女儿和二女儿都撒了谎。小女儿采了3束，二女儿采了1束，大女儿最懒，1束都没有采。

525. 一个关键的指纹

这是一道测试你阅读是否足够仔细的题目，如果你粗心大意的话，可就犯下和汤姆一样的错误了。欧文斯是按门铃进来的，所以门铃按钮上还留有一个指纹，而警察敲门进来的原因，就是为了不破坏这个没有被清除掉的指纹。

526. 一共花了多少钱

尼吉太太一共用了33.6美元，买到48串黄香蕉和48串绿香蕉。如果把钱平分，16.8美元可以买42串绿香蕉或56串黄香蕉，一共98串，多了2串香蕉。

527. 孪生姐妹

丁丁没有撒谎。姐姐是在2001年1月1日出生在一艘由西向东将过日界线的客轮上，而妹妹则是在客轮过了日界线后才出生的。那时的时间还是处在2000年12月31日。所以，按年月日计算，妹妹似乎要比姐姐早一年出生。

528. 买衣服

凯特买的是"英雄牌"衣服，吉姆买的是"佳人牌"衣服，苏森买的是"豪杰牌"衣服，乔治买的是"风华牌"衣服。

529. 猜扑克牌

所有纸牌的情况如下：

K
J A Q
J K J
K

530. 4个小画家

4个人中只有一个人的画回到自己那里，现在分别用Q、X、Y、Z代替她们，因此她们的循环形式只能是"Q（开始位置）" "X→Y" "Y→Z" "Z→X"（即使存在"X→Y" "Y→X"）的情况，那么Z的画也会循环到她的手里）。

根据条件可知，因为方方没有拿着自己的画，所以方方不是Q。那么，假设方方是X，根据题目可知：

方方→Y、 Y→Z 、Z→方方（蒙娜丽莎）

根据条件可知，Y不是洋洋，Z也不是洋洋，所以Q是洋洋。洋洋在循环后拿到了自己的画"最后的晚餐"。

美美拿着"最后的晚餐"，从上面的分析可知，美美是从方方或者莉莉那里得到了画，所以方方和莉莉画的是"最后的晚餐"。

所以，画"蒙娜丽莎"的Z是美美，Y是莉莉。

531. 圣诞舞会

根据题目信息得知：有6对伴侣。

如果X是已婚女士的人数，那么6-X等于处于订婚阶段的女士的人数，还等于处于订婚阶段的男士的人数，还等于已婚男士的人数。

如果Y是单独前来的已婚男士的人数，那么和夫人一起来的男士的人数加上单独来的已结婚的男士的人数，等于已婚男士的总人数：X＋Y=6－X。于是，单独前来的已婚男士的人数等于6-2X。

舞会上没有订婚的女士的人数，则等于：7－（6－2X）－（6－2X），即4X－5。

由于4X－5等于还没有订婚的女士人数，所以X不能等于0，或者1。而罗文先生是还没有订婚的男士，于是X不能大于2，否则还没有订婚的男士的人数（6－2X）将成为0甚至是负数。所以X必定等于2。

因此，这次舞会上有2位已婚的女士、4位处于订婚阶段的女士和3位还没有订婚的女士。而丽莎是一位已经订婚还没有结婚的女士，看来罗文先生的机会不是太大了。

532. 康乃馨

张妈妈的花由5朵黄色、1朵白色、1朵红色、1朵粉色组成。

王妈妈的花由2朵黄色、3朵白色、2朵红色、1朵粉色组成。

李妈妈的花由1朵黄色、3朵白色、3朵红色、1朵粉色组成。

赵妈妈的花由1朵黄色、2朵白色、1朵红色、4朵粉色组成。

董妈妈的花由1朵黄色、1朵白色、3朵红色、3朵粉色组成。

533. 火中逃生

威尼、他的妻子、孩子与狗可以以下列顺序逃生：

降下孩子→降下小狗，升上孩子→降下威尼，升上小狗→降下孩子→降下小狗，升上孩子→降下孩子→降下妻子，升上其他人及狗→降下孩子→降下小狗，升上孩子→降下孩子→降下威尼，升上小狗→降下小狗，升上孩子→降下孩子。

534. 谁有钱

老大、老四和老五有钱，说假话；老二和老三没钱，说真话。

535. 花样扑克

有胜算。

假设朝上的是√，朝下的是√或×的机会并不是一半一半。

朝下的是√的机会有两个：一个是第一张卡片的正面朝上时；另一个是第一张卡片的反面朝上时。

但朝下的是×的机会，只有当第二张卡片正面朝上的时候。

也就是说，只要回答朝上那面的图案，他就有2/3机会赢。